Rés. ac J 3822 (plat sup.)

Rés. J 3822

RES a J 3822

J. 1048. 8te
B.

3822

ABRÉGÉ
DE
L'HISTOIRE ROMAINE.

EXPLICATION DE CE FRONTISPICE.

J.B. Pierger Invenit. *P.F. Tardieu Sculp.*

L'Histoire assise sur un nuage dans la partie la plus élevée du tableau, considere le globe de la terre du côté de l'Italie pour en écrire les fastes: plus bas est le génie de l'Etude; il tient d'une main le livre de l'Histoire Romaine; de l'autre il soutient un médaillon ou sont les Portraits de quelques grands hommes de Rome, et à coté une sphère et une carte pour designer que leurs expéditions ont embrassé presque tout l'univers; au dessous du génie et à droite sont deux enfans appliqués l'un à écrire l'histoire de Remus et de Romulus et l'autre à dessiner le même sujet d'après le bas-relief qu'on voit vers le milieu du tableau: dans l'angle opposé un troisieme enfant enchaine le tems qui fait tous ses efforts pour détruire les restes précieux de l'Ancienne Rome.

ABRÉGÉ

DE

L'HISTOIRE ROMAINE,

Orné de 49 Eſtampes gravées en taille-douce avec le plus grand ſoin, qui en repréſentent les principaux ſujets.

A PARIS,

Chez NYON l'aîné & Fils, Libraires, rue du Jardinet, quartier Saint-André-des-Arcs.

M. DCC. LXXXIX.

AVERTISSEMENT
DU LIBRAIRE.

Cet Abrégé de l'Histoire Romaine est le même que celui qui avoit été fait par feu M. l'abbé Millot, & qui fait partie du Cours d'Etudes imprimé & publié par ordre du Roi à l'usage des Eleves de l'Ecole Royale Militaire. Ayant eu occasion d'acquérir les planches que feu M. Philippe de Prétot, Censeur Royal, avoit fait graver, & dont il avoit formé *le Spectacle de l'Histoire Romaine*, j'ai cru que les personnes chargées de l'éducation de la jeunesse, les verroient avec plaisir insérées dans une histoire abrégée, mais suivie, de cet Empire, de maniere à pouvoir instruire en amusant.

J'ai formé aussi pour la même histoire deux Atlas, l'un contenant uniquement les cartes les plus nécessaires, au nombre de 13, l'autre qui est beaucoup plus considérable, puisqu'il est composé de 49 cartes; ils se vendent tous les deux séparément. Comme ces Atlas sont du même format que cet Abrégé, on peut y réunir celui que l'on jugera à propos, pour n'en former qu'un seul volume.

Les Médailles des familles Romaines recueillies par Vaillant, au nombre de 1700, en 152 planches gravées avec la plus grande exactitude, & dont il a donné une explication latine très-détaillée, en 3 volumes petit *in-folio*, ont l'avantage de jetter beaucoup de lumieres

AVERTISSEMENT.

fur Rome & de faire connoître ces fameux perfonnages dont on voit les portraits repréfentés, ainfi que les ufages & cérémonies de cette ville célebre. Pour ne laiffer rien à defirer fur cette partie de l'Hiftoire, je me fuis procuré ces planches, & je les ai réunies en un feul volume, avec une explication françoife abrégée du trait auquel chacune de ces Médailles a rapport. Ce volume, de même format que les précédens, eft fous preffe, & fe vendra féparément.

EXPLICATION DES ESTAMPES,

Avec l'indication des pages auxquelles elles doivent être placées.

Le Frontispice, *devant le titre.*
Planche I. Fondation de Rome, *page* 2
Pl. II. L'enlevement des Sabines pendant les jeux publics, 3
Pl. III. Combat des Romains & des Sabins, terminé par les Sabines, 5
Pl. IV. Apothéose de Romulus, *ibid.*
Pl. V. Couronne & sceptre offerts à Numa, 6
Pl. VI. Combat des Horaces & des Curiaces, 8
Pl. VII. Expiation du jeune Horace après avoir tué sa sœur, *ibid.*
Pl. VIII. Destruction d'Albe sous les ordres d'Horace, *ibid.*
Pl. IX. Ancus-Martius envoie des Féciales déclarer la guerre aux Latins, 9
Pl. X. Victoire de Tarquin l'ancien sur les Sabins & les Etrusques, par l'incendie du pont de bateaux qui les joignoit, 10
Pl. XI. Accius-Névius, augure, assure à Tarquin l'ancien que sa pensée lui est connue, 11
Pl. XII. Tullie veut forcer le conducteur de son char à passer sur le cadavre de Servius-Tullius son pere, 14
Pl. XIII. Mort de Lucrece, 17
Pl. XIV. Le consul Junius-Brutus juge en présence du peuple ses deux fils qui avoient conspiré en faveur de Tarquin le Superbe, & les fait mettre à mort, 19
Pl. XV. Défense du Pont de Rome par Horatius-Coclès & deux autres guerriers intrépides, 20

Pl. XVI. Attentat de Mucius-Scævola sur la vie de Porsenna, *ibid.*
Pl. XVII. Présens de Porsenna à Clélie, 21
Pl. XVIII. Monumens érigés par les Romains à Horatius-Coclès, Scévola & Clélie, *ibid.*
Pl. XIX. Retraite du peuple sur le Mont-Sacré, 24
Pl. XX. Coriolan se retire chez les Volsques, 29
Pl. XXI. Coriolan fléchi par sa mere, *ibid.*
Pl. XXII. Supplications pour une maladie contagieuse dont on attribua la fin au supplice de la vestale Urbinia, 30
Pl. XXIII. Imprudence du consul Minucius réparée par Cincinnatus, 32
Pl. XXIV. Virginie tuée par son pere pour la préserver d'Appius, 34
Pl. XXV. Mort de Mélius qui avoit formé une conspiration, 37
Pl. XXVI. Célébration du Lectisterne, ou fête générale en l'honneur des grands Dieux que l'on adoroit chez les Romains, *ibid.*
Pl. XXVII. Camille se rend maître de Véies que les Romains assiégeoient depuis dix ans, 38
Pl. XXVIII. Trahison d'un maître d'école pendant ce siége, & sa punition, *ibid.*
Pl. XXIX. Prise de Rome par les Gaulois, 40

viij *Explication des Estampes.*

Pl. XXX. Traité des Romains avec les Gaulois rompu par Camille, 41

Pl. XXXI. Dévouement volontaire de Curtius, 43

Pl. XXXII. Manlius-Torquatus fait ôter la vie à son fils, qui avoit combattu malgré sa défense, 44

Pl. XXXIII. Les Romains passent sous le joug des Samnites aux fourches Caudines, 46

Pl. XXXIV. Esculape amené à Rome sur une galère, 48

Pl. XXXV. Bataille d'Ecnome gagnée sur mer par les Romains, 56

Pl. XXXVI. Régulus condamné aux plus affreux supplices, 57

Pl. XXXVII. Victoire d'Annibal sur les Romains à la journée de Cannes, 62

Pl. XXXVIII. Bel exemple de vertu donné par Scipion en Espagne, 65

Pl. XXXIX. Triomphe de Pompée dans Rome, à l'imitation de celui de Paul-Emile, 103

Pl. XL. Pompe funebre & apothéose de César, 111

Pl. XLI. Le Cirque, 117

Pl. XLII. Auguste s'occupe des embellissemens de Rome, 122

Pl. XLIII. Rome recevant l'hommage des nations étrangeres, 125

Pl. XLIV. Mort de Germanicus, 127

Pl. XLV. Barbarie de Caligula, qui fait précipiter dans la mer à Pouzoles le peuple que le spectacle de son triomphe y avoit attiré, 132

Pl. XLVI. Palais doré de Néron, 139

Pl. XLVII. Vitellius couvert d'opprobres, est conduit au supplice, 145

Pl. XLVIII. Trajan déchire ses vêtemens pour servir à bander les plaies des blessés, 152

ABRÉGÉ

ABRÉGÉ
DE
L'HISTOIRE ROMAINE.

OBSERVATIONS PRÉLIMINAIRES.

LES premiers siecles de Rome sont couverts de ténèbres & d'incertitudes. Son premier historien, Fabius Pictor, vivoit du tems de la seconde guerre punique, plus de cinq cents ans après la fondation de cette ville. Combien de fables ont dû se répandre, lorsque l'ignorance aveugloit tous les esprits, lorsque la superstition croyoit tout, lorsque l'écriture étoit rare, & que les monumens étoient pleins de merveilleux ! Encore ces monumens, au rapport de Tite-Live, périrent-ils presque tous dans l'incendie qu'allumerent les Gaulois. De-là, tant d'absurdes traditions reçues par les historiens ; de-là, tant de prodiges accumulés sans ombre de vraisemblance. Rome se croyoit divine ; elle adoptoit tout ce qui flattoit ses préjugés.

Suivant le récit de quelques historiens, voici ce qui donna lieu à la fondation de Rome. Numitor, roi d'Albe, ville du Latium, petit canton de l'Italie, fut détrôné par son frere Amulius, & jetté dans les fers. L'usurpateur ajouta à son injustice la cruauté de faire exposer sur le rivage du Tibre, Rémus & Romulus, deux jumeaux dont étoit accouchée Rhéa Sylvia, fille de Numitor, lesquels furent allaités par une louve. Parvenus à l'adolescence, & instruits de la captivité de leur ayeul, ainsi que du danger qu'ils auroient couru de périr, sans la compassion du berger Faustulus, qui les

Fondation de Rome.

A

HISTOIRE ROMAINE.

a adoptés pour ses propres enfans; Rémus & Romulus réussirent à rétablir sur le trône leur ayeul. Celui-ci leur donna le conseil, ou approuva le dessein qu'avoient ses deux petits-fils, de fonder une ville au lieu même du rivage où ils ont été trouvés par Faustulus, qui leur a sauvé la vie. Numitor paroît ceint du diadême, environné d'un grouppe d'Albains, précédé du berger Faustulus, qui semble par sa physionomie & son signe de tête, désigner à Rémus & Romulus, qui sont en habits champêtres, l'endroit où ils avoient été exposés. Un prêtre revêtu de ses ornemens assortis au costume antique, conduit la charrue destinée à ouvrir le premier sillon de l'enceinte de Rome, dont on voit dans le lointain les collines qui l'environnoient. Ce prêtre attentif à ce qui se passe dans le ciel, apperçoit Jupiter & Vénus sa fille, portés sur des nuages, qui lisent dans le livre des destins ce que cette ville deviendra un jour. Vénus, devenue femme d'Anchyse, a été, suivant la fable, mere d'Enée, par conséquent la très-grand'mere de tous les rois d'Albe jusqu'à Numitor, & Rémus & Romulus étoient ses descendans.

Planche I. Fondation de Rome.

Si la date de la fondation de Rome est incertaine, du moins elle ne varie que d'un petit nombre d'années. L'opinion la plus probable la fixe au commencement de la quatrieme année de la sixieme olympiade, 753 ans avant Jesus-Christ, environ 120 ans après que Lycurgue eût donné ses loix, & 140 avant que Solon donnât les siennes. On date communément, & de l'an de Rome, & de l'an avant Jesus-Christ. Pour éviter cette confusion de chiffres, on peut se borner à la premiere méthode, qu'il est facile de combiner avec la seconde. Il ne faut que soustraire de 753 le nombre qui exprime la date de Rome.

Cet Abrégé sera partagé en trois époques, les rois, la république, les empereurs.

N.º 2.

PREMIERE ÉPOQUE.

753 ans avant Jesus-Christ.

LES ROIS. (*Espace de* 244 *ans.*)

I.
ROMULUS.

ROME, malgré toute fa grandeur, a eu la petite vanité, fi commune aux nations, de jetter du merveilleux fur fon origine. Elle vouloit defcendre d'Enée ; elle donnoit pour pere à Romulus, fon fondateur, le Dieu Mars : elle le faifoit allaiter miraculeufement par une louve. Au milieu de ces fables, on voit Romulus, chef de brigands, meurtrier de Rémus, fon frere, bâtir des cabanes fur un terrein dépendant de la ville d'Albe, en Italie, & fonder, avec environ trois mille hommes, un état qui devoit engloutir les plus vaftes monarchies. On le voit augmenter le nombre de fes fujets, en ouvrant un afyle à tous les malfaiteurs étrangers, à tous les fugitifs qui voudroient lui obéir. Les Sabins lui refufent des femmes : il les attire à des jeux ; il enleve leurs filles à main armée ; il en fait les époufes de fes foldats. En remontant à la fource de la plupart des empires, on ne trouvera de même que violences & brigandage.

Si Romulus n'avoit été qu'un aventurier audacieux, les peuples voifins auroient fans doute renverfé fa ville naiffante. Mais il avoit des vues politiques, & il affermit fon ouvrage par les loix comme par les armes. Le gouvernement de Rome, dès fon enfance, mérite attention. Romulus, revêtu du titre

An de Rome
1.
Sés commencemens.

Planche II.
L'enlevement des Sabines, pendant les jeux publics.

Politique de Romulus.

de roi, sentit bien que le peuple ne se laisseroit pas subjuguer, & qu'il falloit lui donner part au gouvernement, ou y renoncer soi-même.

Ses établissemens. D'abord il divisa la colonie en trois tribus, & chaque tribu en dix curies. Il partagea le territoire en trois portions inégales, l'une pour le culte religieux, l'autre pour les besoins de l'état, la troisieme pour les citoyens, qui eurent chacun environ deux arpens de terre. Ensuite il établit un sénat composé de cent personnes, auquel il confia le soin de faire observer les loix, de délibérer sur les grandes affaires, & de porter les délibérations aux comices, ou aux assemblées du peuple. *Pouvoir du peuple, du sénat.* Le droit suprême de décider appartenoit au peuple; mais ses décisions devoient être confirmées par le sénat.

Pouvoir du roi. Le commandement des armées, la convocation des comices & du sénat, le jugement des causes les plus importantes, la dignité de souverain pontife, étoient le partage du roi. Douze licteurs lui servoient de gardes, appareil utile à la royauté. Il y ajouta un corps militaire de trois cents hommes, qui combattoient à pied & à cheval. C'est l'origine des chevaliers *Origine des chevaliers.* nommés *celeres* au commencement.

Patrons & cliens. Pour prévenir les divisions entre le sénat & le peuple, Romulus permit à chaque plébéien de se choisir un patron dans le sénat. Des devoirs réciproques unirent les patrons & les clients; ceux-là protégeoient les autres, dont ils étoient secourus en cas de besoin. Ces liens d'humanité inspirerent la concorde & la modération. Aussi n'y eut-il point de sang répandu dans les premiers troubles qu'excita la jalousie des ordres après l'établissement de la république.

Loix contre les femmes. Les barbares ont peu de loix, & leurs loix portent une empreinte de barbarie. En voici deux de Romulus. La premiere permettoit aux hommes de répudier leurs femmes, & même de les faire mourir, non-seulement pour de grands crimes, mais pour avoir bu du vin; elle défendoit aux femmes de se séparer de leurs maris, sous quelque prétexte que ce fût. *Loix en faveur des peres.* La seconde rendoit les peres maîtres absolus de leurs enfans; ils pouvoient les vendre jusqu'à trois fois à tout âge, les con-

n.º 3.

N.º 4.

damner même à la mort; ils pouvoient de plus expofer ceux qui naiffoient extrêmement difformes, pourvu qu'ils priffent auparavant l'avis de cinq perfonnes du voifinage, encore ne les y obligeoit-on point par rapport aux filles cadettes.

L'Italie étoit alors, comme l'ancienne Grece, divifée en beaucoup de petits peuples, dont la plupart fe reffembloient par un courage féroce, & n'avoient d'ailleurs rien de commun. Rome fut fucceffivement en guerre avec tous, dans un long efpace de tems. Il eft facile de juger, en réfléchiffant fur fon origine, que, ni les fiéges, ni les batailles d'alors, quelques effets qu'il dût en réfulter pour l'avenir, ne méritoient les defcriptions pompeufes qu'en font les hiftoriens. {Etat de l'Italie.}

C'eft contre les Sabins que la nouvelle colonie exerça d'abord fa valeur. Ils formoient une efpece de république fédérative, dont les forces réunies pouvoient paroître redoutables: quelques-unes de leurs villes furent cependant réduites à fe foumettre. Mais un de leurs princes, Tatius, roi de Cures, pénétra jufques dans Rome. Il l'auroit peut-être détruite, fi les Sabines qu'avoient enlevées les Romains, n'euffent ménagé la paix entre leurs époux & leurs parens. Les deux peuples s'unirent aux dépens du pouvoir de Romulus; car il partagea la royauté avec Tatius, & admit dans le fénat cent des principaux Sabins. Tatius fut bientôt affaffiné, & n'eut point de fucceffeur. {Premiere guerre des Romains. Planche III. Combat des Romains & des Sabins, terminé par les Sabines.}

Après de nouvelles victoires, dont le fruit étoit toujours d'augmenter le nombre des citoyens, en y faifant entrer les vaincus, le roi, fûr de l'affection de fes foldats, comptant déjà quarante-fept mille fujets, fe livra trop au goût de la domination: il voulut gouverner fans le fénat. Les fénateurs fe défirent fecrétement de lui. Pour cacher leur crime, ils publierent que ce prince avoit été enlevé au ciel. Enfuite, ils exercerent l'un après l'autre la puiffance royale pendant un an d'interregne. Romulus avoit regné trente-fept ans. {Mort de Romulus. Planche IV. Apothéofe de Romulus.}

II.

NUMA.

An de Rome 38.
Comment il succéda à Romulus.

L E peuple se lassa d'obéir à tant de rois. Le sénat fut obligé de faire une élection. Comme il étoit composé de Romains & de Sabins en nombre égal, les deux partis se disputoient la couronne. On convint par accommodement que les Romains éliroient & que leur choix tomberoit sur un Sabin. Numa-Pompilius, retiré à la campagne, indifférent pour les honneurs, parut l'homme le plus capable de gouverner, ou le moins propre à inspirer de la crainte. Il fut élu, & accepta, malgré lui, un pouvoir dont il faisoit moins de cas que de la sagesse & de l'étude.

Planche V. Couronne & sceptre offerts à Numa.
Son caractere.

Autant Romulus avoit aimé la guerre, autant son successeur fut-il zélé pour la paix. Il réunissoit deux qualités qu'on voit rarement ensemble, la piété & la politique. L'une & l'autre lui servirent de regle. Il se donna pour inspiré, en supposant qu'il avoit des entretiens avec la nymphe Egérie. Cet artifice lui servit à répandre les sentimens religieux, dont il étoit pénétré lui-même. La religion fut le ressort principal qu'employa le nouveau roi, pour assujettir aux devoirs le caractere dur des Romains. Il grava profondément dans leur ame la crainte de l'être invisible, qui voit & punit le crime. Il érigea un autel à la *Bonne-Foi*, pour rendre les promesses sacrées, & il institua les fêtes du dieu Terme, pour que les limites des possessions fussent inviolables. Il établit les cérémonies du culte ; il divisa les ministres de la religion en plusieurs classes, dont la premiere étoit celle des pontifes. Le grand-pontife présidoit à toutes, & cette charge importante appartenoit à la royauté.

Ses établissemens de religion.

Vestales.

Il est probable que Numa ne connoissoit point les dieux de la Grece. Il institua les vestales pour entretenir le feu sacré. Cette institution de vierges consacrées au culte, est d'autant

N.º 5.

plus remarquable, que la virginité, sans clôture, étoit pour elles une obligation inviolable, sous peine d'être enterrées toutes vives. On les respectoit infiniment. Libres de se marier après trente ans de services, elles préféroient pour l'ordinaire les honneurs du sacerdoce. Il n'y eut jamais plus de six vestales.

On attribue pareillement à Numa un autre établissement très-utile, celui des Féciales (ou Féciaux). Ils décidoient de la justice d'une guerre, & veilloient à l'observation des traités de paix. Ils devoient déclarer la guerre aux ennemis, en attestant le ciel de leur injustice, & en faisant des imprécations contre Rome, si elle étoit injuste à leur égard. C'étoit le frein le plus nécessaire à un peuple guerrier & ambitieux. *Féciaux.*

L'agriculture fut une véritable source de bonheur & de vertu, que Numa ouvrit à ses sujets. Il distribua les terres conquises sous le dernier regne; il forma des bourgades, où les cultivateurs s'attachoient à d'utiles travaux; il nomma des surveillans pour récompenser l'industrie & pour châtier la paresse. C'est ainsi que l'agriculture devint une occupation si chere aux Romains. Les premiers hommes de l'état y trouverent leur plaisir; & l'état ne fut jamais plus glorieux, que lorsqu'on couroit à la charue après un triomphe. *Progrès de l'agriculture.*

Enfin Numa eut la gloire d'employer la science au bien public. L'année de Romulus étoit seulement de dix mois. Il y substitua l'année lunaire de douze mois, qu'il rapprocha de l'année solaire par des intercalations. C'est ce que disent les historiens; mais il paroît difficile de concevoir d'où il avoit tiré tant de science, au milieu d'un peuple barbare. Ce prince mourut après un regne pacifique de quarante-trois ans. *Changement fait au calendrier.*

III.

TULLUS-HOSTILIUS.

Tullus-Hostilius est élu pour successeur de Numa. Il commence son regne par distribuer à ceux qui manquoient de terres, une campagne du domaine de la couronne. S'étant *An de Rome 83. Commencement de son regne.*

8 HISTOIRE ROMAINE.

Guerre d'Albe.

ainsi attaché les cœurs, il ranime l'ardeur militaire qu'une longue paix n'avoit pu éteindre. La jalousie d'Albe contre Rome allume la guerre. Les deux peuples se disputent la prééminence. On nomme de part & d'autre trois freres, les Horaces & les Curiaces, pour décider la querelle par un combat singulier. Du côté de Rome, le dernier Horace, vainqueur des trois Curiaces, assure la supériorité à sa patrie. Il tue ensuite sa sœur, qui pleuroit un des Curiaces, son futur époux. Tullus le fait juger par deux commissaires, & lui conseille d'appeler au peuple de la sentence de mort ; absous par le peuple, il subit la peine de l'expiation. Les loix ordonnoient à ce sujet qu'on plantât en terre deux pieces de bois, sur lesquelles on en posoit une troisieme en travers ; ce qui formoit une porte, à laquelle on donnoit le nom de joug. Ainsi le peuple est reconnu juge suprême.

Planche VI.
Combat des Horaces & des Curiaces.

Planche VII.
Expiation du jeune Horace, après avoir tué sa sœur.

Planche VIII.
Destruction d'Albe, sous les ordres d'Horace.

Fin de Tullus.

Suffétius, général des Albains, coupable de perfidie, fut écartelé par ordre de Tullus. La ville d'Albe fut détruite en une heure, & ses habitans transplantés à Rome, où les principaux entrerent dans le sénat. Rome gagnoit du terrein. Tullus battit ses voisins, quand ils oserent prendre les armes. Mais dans les ravages d'une peste, il ne put se défendre des superstitions que produit ordinairement la crainte. Quelques auteurs racontent sérieusement que Jupiter le foudroya, tandis qu'il faisoit un sacrifice magique. On conjecture qu'il fut assassiné après trente ans de regne.

═══════════

IV.
ANCUS-MARTIUS.

An de Rome 113.
Commencement de son regne.

LE peuple & le sénat donnerent la couronne à Ancus-Martius, petit-fils de Numa par sa mere. Il se montra digne de son aïeul. Ses premiers soins se tournerent sur la religion & l'agriculture. Les Latins le méprisant alors comme un prince foible, commirent des hostilités qui troublerent ces soins pacifiques.

n.º 6.

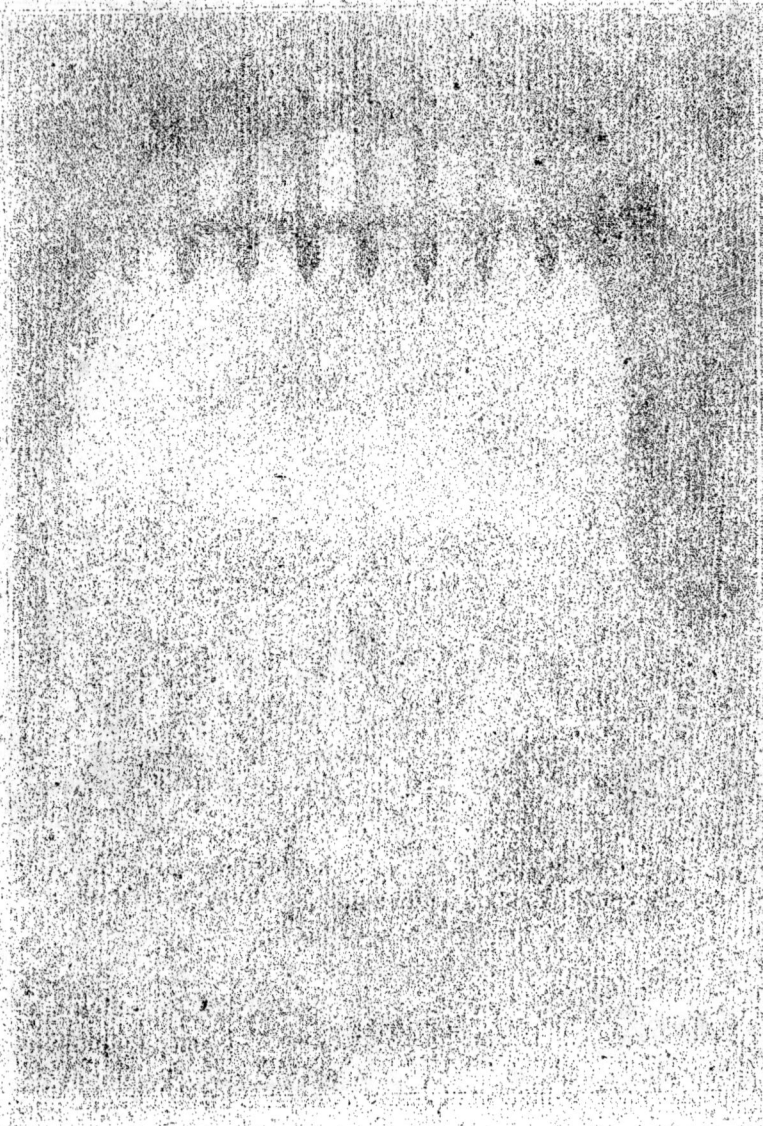

n.° 8.

N.º 9.

ANCUS-MARTIUS.

pacifiques. On leur envoya demander satisfaction. Ils refuserent, & le Féciale leur déclara la guerre au nom des Romains. Il n'est point parlé du roi dans la formule, dont voici les termes : *A cause du dommage que les Latins ont causé au peuple Romain, le peuple Romain & moi, nous déclarons la guerre aux Latins, & nous la commençons.* A ces mots, le Féciale jetta sur le territoire des ennemis un javelot trempé de sang. Cette guerre & d'autres qui suivirent, tournerent à la gloire d'Ancus & au profit de Rome.

Planche IX. Il envoye des Féciales déclarer la guerre aux Latins.

Rien ne fait tant d'honneur à un roi guerrier, que de s'occuper après la victoire, d'objets plus intéressans pour le bien public. Les ouvrages d'Ancus auroient pu l'immortaliser, indépendamment de ses exploits. Il augmenta l'enceinte de la ville, fit un pont sur le Tibre, & construisit le port d'Ostie, à l'embouchure de ce fleuve. Il fit creuser des salines au bord de la mer, & distribua au peuple une grande partie du sel qu'on en tiroit. Il bâtit une prison, d'autant plus nécessaire, que la licence devoit croître avec le nombre des sujets. Ce prince mourut après un regne de vingt-quatre ans.

Ouvrages faits sous son regne.

V.

TARQUIN L'ANCIEN.

T ARQUIN, surnommé l'Ancien, cinquieme roi, ne dut son élévation qu'à la brigue, dont il introduisit l'usage. Né à Tarquinie, en Etrurie, d'un riche négociant de Corinthe, il s'étoit établi à Rome, avec l'espérance d'y parvenir aux honneurs; & il avoit changé son nom de Lucumon en celui de Tarquinius, emprunté du lieu de sa naissance. Un mérite réel, soutenu par les richesses & par une adroite politique, lui avoit procuré les bonnes graces d'Ancus, & une place dans le sénat. Ancus, en mourant le nomma tuteur de ses deux fils, dont l'aîné n'avoit

An de Rome 139. Comment il devint roi.

pas encore quinze ans. Quoique la couronne ne fût point héréditaire, la vénération pour le dernier roi pouvoit fixer les suffrages en faveur de sa famille. Tarquin la brigua ouvertement, sans égard pour ses pupilles. Il mania si bien les esprits, que le peuple, gagné ou persuadé, lui ordonna de *se charger de l'administration des affaires publiques*, c'est-à-dire, le fit roi.

Ses établissemens.

Pour augmenter son crédit dans le sénat, autant que pour récompenser ses partisans, il créa cent nouveaux sénateurs, tirés des familles plébéiennes. On les appela, *Patres minorum gentium*. Il s'attacha encore plus la multitude, en construisant un cirque pour les jeux, à l'exemple des Grecs. Tout peuple aime les spectacles, & l'on peut compter de lui plaire quand on l'amuse.

Ses guerres.

Planche X. Sa victoire sur les Sabins & les Etrusques par l'incendie du pont de bateaux qui les joignoit.

Les Latins, les Etrusques, les Sabins, qui rompoient toujours avec Rome, éprouverent successivement la valeur du nouveau roi. Les Sabins s'étoient réunis avec les Etrusques, & étoient postés proche de Fidens, au confluent du Tibre, & du Teveron. Ils y avoient établi deux camps sur une même ligne, séparés seulement par le canal commun aux deux fleuves, sur lesquels ils avoient jetté un pont de bateaux, pour communiquer de l'un à l'autre, & des deux camps n'en faire qu'un seul. Tarquin, informé de leurs démarches, partit avec toutes ses troupes, & vint se placer un peu au-dessus des Sabins, à quelques pas du Teveron. Il jetta sur ce fleuve quantité de petits bateaux, qu'il chargea de bois sec & d'autres matieres combustibles, arrosées de résine & de soufre. Trois heures avant le lever du soleil, il y fit mettre le feu, & les lâcha par un vent favorable dans le courant. Ces brûlots portés au pont de bois, causerent en divers endroits un grand embrâsement. Les Sabins coururent au pont, pour en arrêter l'incendie. Tarquin arriva au premier camp, qu'il trouva sans défense; le second fut en même temps assailli & forcé par les autres corps de l'armée Romaine. Maître des deux camps, il en partagea la dépouille entre ses soldats.

Comme ses prédécesseurs, il sut profiter de la victoire,

N.º 10.

G. de S. Aubin del.   P.F. Tardieu Sculpsit 1760.

N.º 11.

TARQUIN L'ANCIEN.

en incorporant les vaincus avec les citoyens. Il établit la cérémonie pompeuse du triomphe, qui fut dans la suite un puissant motif d'émulation.

Les ouvrages exécutés par Tarquin furent des prodiges, dans un siecle de barbarie. Il construisit des aquéducs & des égoûts superbes, perçant les collines & les rochers pour l'avantage de la ville. Il bâtit aussi des temples, des salles pour la justice, des écoles destinées à l'éducation. Il applanit le sommet du mont Tarpéien, sur lequel fut élevé dans la suite le capitole. *Ses ouvrages.*

Tarquin, étrusque de naissance, grec d'origine, établit vraisemblablement les superstitions d'Etrurie & de Grece, qu'il crut utiles à sa politique. La religion simple de Numa s'altéra beaucoup sous son regne; on reçut des dieux étrangers, & l'on établit les augures, especes de prêtres qui observoient le vol des oiseaux, les entrailles des victimes, la maniere dont mangeoient les poulets sacrés, enfin différens signes ridicules dont ils tiroient des prédictions. *Changemens dans la religion.*

Il arriva sous son regne, s'il en faut croire le rapport des historiens, un événement bien singulier, & qui donna beaucoup de crédit aux augures & aux auspices. Ce prince vouloit ajouter aux trois anciennes centuries de cavaliers établies par Romulus, trois autres nouvelles centuries, & prétendoit leur faire porter son nom & celui de ses amis. Accius Névius, le plus célebre des augures qui furent alors, représenta au roi, que ce changement ne se pouvoit faire qu'on n'eût auparavant consulté la volonté des dieux, par le vol des oiseaux. Le roi fâché qu'on traversât ses desseins, pour décréditer son art & pour montrer qu'il ne devinoit qu'au hasard, lui ordonna d'aller consulter ses auspices pour savoir si ce qu'il avoit dans l'esprit pouvoit s'exécuter. Le devin obéit, & revenu quelque tems après, il assura que la chose étoit faisable. Alors le roi, en riant lui dit : *je pensois en moi-même, si vous pouviez couper ce caillou, avec le rasoir que j'ai en main*, & il le lui donna. Accius n'hésita pas un moment, & prenant le rasoir, coupa *Accius-Névius, augur.*

*Planche XI.
Il assure à Tarquin que sa pensée lui est connue.*

B ij

le caillou en deux. Tarquin en fut frappé d'admiration.

Sa fin. Les fils d'Ancus-Martius voyant Tarquin préparer la fortune de Servius-Tullius, son gendre, l'assassinerent pour prévenir ses desseins. Mais Tanaquil, femme de ce prince, cacha adroitement sa mort, jusqu'à ce qu'elle eût assuré la couronne à Servius. C'étoit un Latin dont la mere avoit été emmenée captive à Rome, & que le dernier roi avoit élevé avec la tendresse d'un pere.

VI.
SERVIUS-TULLIUS.

An de Rome.
175.
Comment il s'affermit sur le trône.

SERVIUS ayant pris l'autorité sans le consentement du peuple & du sénat, tâcha de suppléer au défaut de droits légitimes. Il gagna le peuple, en payant lui-même les dettes des pauvres, en leur partageant les terres dont quelques citoyens s'étoient emparés. Il se plaignit ensuite publiquement d'un complot formé par les patriciens (*), contre sa vie, & demanda qu'on élût un roi, comme s'il eût été prêt à quitter le trône. Le peuple n'eut pas de peine à se décider en sa faveur.

Ses guerres. Ainsi que Tarquin, il éleva des temples à la superstition; il remporta des victoires sur les voisins de Rome, à qui la haine & la jalousie faisoient souvent reprendre les armes. C'étoit toujours un exercice pour le courage des Romains, & un moyen d'accroissement pour l'état: car on gagnoit, ou des terres, ou des citoyens.

Sa politique. Tout ambitieux qu'étoit Servius, il parut se livrer à la passion du bien public. Il entreprit de réformer de grands abus, en proportionnant les contributions aux fortunes, & en ôtant à la populace les moyens de décider les plus grandes affaires par la pluralité des voix.

___

(*). Les sénateurs étoient appelés peres, (*patres.*) d'où venoit le nom de patriciens, qui distinguoit les familles nobles.

SERVIUS-TULLIUS.

D'abord, il exposa dans une assemblée générale, l'abus des contributions ordinaires, & la nécessité de les rendre proportionnelles aux biens de chaque particulier. Le peuple, flatté de l'espérance d'un soulagement, lui donna pouvoir d'établir le plan de réforme qu'il jugeroit convenable. Ce plan a un rapport essentiel avec l'histoire.

Les habitans de la ville furent divisés en quatre tribus, selon les quartiers ; & ceux de la campagne en quinze tribus, auxquelles on en ajouta plusieurs dans la suite ; de manière qu'il y eut en tout trente-cinq tribus. Chacune avoit ses *curies*, telles à peu-près que nos paroisses, dont le prêtre étoit nommé *curion*. Le dénombrement des citoyens devint facile par cette méthode. On en comptoit déjà quatre-vingt mille en état de porter les armes. *Division du peuple en tribus.*

De tout le peuple Romain, il forma ensuite six classes, subdivisées en centuries. La premiere classe comprenoit les riches. Elle eut quatre-vingt-dix-huit centuries, parmi lesquelles dix-huit de chevaliers, à qui l'état fournissoit des chevaux. Les quatre classes suivantes alloient en proportion des richesses, & faisoient quatre-vingt-quinze centuries en tout. La sixième, composée des pauvres, quoique la plus nombreuse, n'avoit qu'une seule centurie. *En classes & en centuries.*

Cette nouvelle division produisit un grand effet. Dans les comices, on prit les suffrages par centuries, & non plus par têtes. Ainsi la derniere classe, en conservant le droit d'opiner, n'eut réellement aucune influence sur les délibérations ; au lieu que la premiere décidoit seule, lorsque ses centuries étoient d'accord. Elle achetoit cet avantage, par l'argent & les hommes qu'elle fournissoit ; car chaque centurie devoit fournir pour l'armée une certaine somme, avec un certain nombre de soldats. *Effet de cette division.*

Servius prévit que les fortunes étant sujettes à mille accidens, plusieurs citoyens se trouveroient bientôt déplacés dans leurs classes. Il ordonna donc que le *cens* ou le dénombrement se renouvelleroit tous les cinq ans, avec des cérémonies qui lui firent donner le nom de *lustre*. Les *lustres* *Cens.* *Lustre.*

devinrent chez les Romains une mesure du temps, comme les olympiades chez les Grecs.

Ce qu'il fit pour les esclaves.

Pour adoucir le sort des esclaves, Servius permit non-seulement de leur rendre la liberté, mais d'incorporer les affranchis au nombre des citoyens. Le nom d'affranchis qu'ils conservoient, rappeloit des idées humiliantes : c'étoit néanmoins un grand bonheur d'échaper à la condition servile, d'autant plus que les Romains ne mettoient guere de différence entre leurs esclaves & leurs bestiaux. Les affranchis n'entrerent que dans les quatre tribus de la ville, les moins considérables de toutes.

Il concilie avec Rome les peuples vaincus.

Un autre projet exécuté par Servius, mérite tous nos éloges. La force des armes & les traités, en unissant les Sabins & les Latins à la république romaine, n'avoient pu éteindre leur animosité contre un peuple élevé sur leurs ruines. Pour cimenter la paix, dont il représenta vivement les avantages, il les engagea de bâtir un temple à Rome, où l'on sacrifioit en commun tous les ans. Il régla qu'après le sacrifice, on termineroit les différends à l'amiable, & qu'on délibéreroit sur les moyens d'entretenir la concorde & l'amitié; qu'ensuite il y auroit une foire, où chacun pourroit se fournir des marchandises dont il auroit besoin. La religion, les conférences, le commerce, tout devoit concourir, avec le temps, à faire de ces étrangers autant de Romains ; & ils y gagnerent autant que Rome. Les conditions du traité, quoiqu'en langue latine, furent gravées sur une colonne en caracteres grecs.

Sa fin.

On assure que sacrifiant tout au bien de l'état, Servius pensoit à déposer la royauté, pour établir un gouvernement républicain, lorsqu'il fut enlevé à ses sujets par un crime atroce. Sa fille Tullie, monstre d'ambition & de cruauté, avoit épousé Tarquin, petit-fils du roi de ce nom.

Planche XII. Tullie veut forcer le conducteur de son char à passer

L'un & l'autre entreprennent de détrôner Servius. La conspiration se termine par le meurtre du roi, dont le cadavre est foulé sous le char de son exécrable fille. Cette infâme voyant le conducteur de son char, saisi d'horreur à l'aspect

N.º 12.

du corps tout fanglant de Servius-Tullius, retenir prompte- *sur le cadavre de son pere.*
ment ses chevaux ; transportée de rage lui jette son marche-
pied à la tête, & l'oblige de les pousser par-dessus le corps
palpitant de son pere. De six rois de Rome, tous dignes
d'éloges, en voilà quatre qui périssent de mort violente.

VII.

TARQUIN LE SUPERBE.

Souillé du sang le plus précieux, usurpateur du trône, *An de Rome 219. Son regne.*
sans daigner recourir au peuple ni au sénat, Tarquin devoit
regner en tyran. On vit l'injustice & la violence prendre la
place des loix ; mais en tyran habile, il ne négligea aucun moyen d'affermir & d'étendre son pouvoir. Les vexations
lui attiroient la haine des citoyens : il chercha un appui
dans l'armée. Sa douceur & ses bienfaits gagnerent une partie
des soldats. Une garde nombreuse d'étrangers veilloit pour
sa défense, tandis que les délations, les supplices répandoient
par-tout la terreur, & que les assemblées du peuple étant
suspendues par des édits, il ne restoit plus de ressource
contre les entreprises de la tyrannie.

On rapporte un trait célebre de la politique de Tarquin. *Subjugue les Gabiens.*
Plusieurs patriciens, réfugiés à Gabies, ville des Latins,
avoient soulevé contre lui les habitans. Son fils Sextus, dont
il dirigeoit les démarches, affecte de le trahir, sous prétexte de quelque brouillerie, & se retire dans cette ville.
Il y joue si bien son rôle, qu'il parvient au commandement
des troupes. Alors il envoie consulter son pere sur la conduite qu'il doit tenir. Tarquin ne voulant s'expliquer, ni de
vive voix, ni par écrit, mene le messager dans un jardin,
abat en sa présence les têtes des pavots qui s'élevoient au-
dessus des autres, & le fait partir sans autre réponse. Sextus
devina l'énigme. Il fit périr les principaux Gabiens, & livra
la ville à son pere.

Le tyran joignoit la valeur à la cruauté. Il remporta des victoires sur tous ses ennemis. Le sénat étoit sans force; le peuple abattu n'osoit se plaindre : Rome sembloit réduite au point de langueur & d'accablement, où commence d'ordinaire la servitude des nations.

Livres Sibyllins. Les historiens racontent qu'une femme inconnue présenta au roi neuf volumes, dont elle demandoit une grosse somme ; que le roi n'ayant pas voulu les payer si cher, elle en brûla trois ; qu'elle revint demander le même prix des six autres ; qu'elle en brûla encore trois, après un nouveau refus ; qu'elle recommença ensuite la scene, & que les livres qui restoient ayant été reconnus pour être les oracles de la Sibylle de Cumes, Tarquin les acheta, après quoi la femme disparut. Ces livres gardés précieusement, furent entre les mains du Prince, & ensuite du sénat, les interprètes de la volonté des dieux. On les faisoit parler au besoin ; on en tiroit les oracles que l'intérêt présent pouvoit dicter. Avec une pareille machine, on étoit sûr de maîtriser une nation superstitieuse.

Capitole. Vers le même temps, fut exécuté le projet du premier Tarquin, de bâtir le capitole ; & ce fut l'occasion de fabriquer une autre fable, qui produisit de grands effets. En creusant la terre pour les fondemens du temple de Jupiter, il se trouva, dit-on, une tête d'homme aussi fraîche que si elle venoit d'être coupée. Les augures, consultés sur ce prodige, déclarerent que Rome deviendroit la capitale de l'Italie. De-là le nom de *capitole*, qu'on donna au mont Tarpéien. De pareilles fictions frappoient les esprits, élevoient les ames, & inspiroient une sorte d'enthousiasme, auquel les Romains furent en partie redevables de leurs succès. Persuadés que les dieux leur destinoient l'empire, ils couroient aux combats, comme à des victoires certaines.

Tarquin chassé de Rome. Tarquin recueilloit les fruits de sa politique. Les chimeres, dont il amusoit le peuple, achevoient ce que la violence avoit commencé. Vraisemblablement il eût joui, jusqu'à la fin, de sa puissance usurpée, si l'attentat de son fils Sextus contre la chaste Lucrece, n'eût excité la plus vive indignation.

N.° 13.

TARQUIN LE SUPERBE.

tion. Lucrece violée fe tua. Junius Brutus, ennemi perfonnel du tyran, faifit l'occafion de fe venger & de brifer les fers de fa patrie. Son éloquence ranima le courage des fénateurs. Au nom de la liberté, à la vue du cadavre de Lucrece, le peuple fortit de fon engourdiffement. Tarquin affiégeoit Ardée dans le Latium. On le condamna, lui & fa poftérité, à un exil éternel; on dévoua aux dieux infernaux quiconque tenteroit de le rétablir; on fubftitua le gouvernement républicain au gouvernement monarchique. Athenes, dans le même temps, fecoua le joug des Pififtratides. Il y a un rapport fingulier entre les caufes & les circonftances de ces deux révolutions. *Planche XIII. Mort de Lucrece.*

Sept rois avoient gouverné Rome pendant l'efpace de deux cens quarante-quatre ans. Ils avoient jetté les fondemens de fa grandeur, parce que tous étoient de grands princes, fans en excepter le dernier, auquel on doit reprocher des injuftices, mais non refufer la gloire du génie & des talens. Les hiftoriens font fufpects d'avoir chargé le tableau de fa tyrannie. Ils exagerent tout. Rome ne connoiffoit point encore de monnoie d'argent; elle ne poffédoit qu'un territoire de treize lieues de long fur dix de large; elle ne cultivoit, ni les fciences, ni les arts : ils en parlent néanmoins comme fi tous les talens y euffent été cultivés. *Exagérations des hiftoriens fur l'hiftoire des fept rois.*

On demande comment fept rois électifs, dont quatre font morts affaffinés, dont le dernier a été détrôné, embraffent dans l'hiftoire un efpace de deux cens quarante-quatre ans, tandis que les royaumes héréditaires ne fourniffent pas d'exemple d'une pareille durée de fept regnes. On demande par quel prodige tous ces rois montrent des qualités fupérieures; ce qui eft auffi fans exemple. On tire de-là une preuve contre leur hiftoire. Il eft certain qu'elle renferme beaucoup de chofes douteufes. *Doute fur cette hiftoire.*

C

SECONDE ÉPOQUE.

LA RÉPUBLIQUE;

Depuis l'an de Rome 244, jusqu'à la bataille d'Actium, en 725.

I.

Les rois chaſſés, le conſulat établi.

Election des conſuls.

LES Romains, aſſemblés par tribus & par curies, avoient porté le decret irrévocable contre la royauté. C'étoit véritablement l'ouvrage de la nation, puiſque dans cette eſpece de comices, tous les ſuffrages étoient égaux. Mais quand il fallut pourvoir au gouvernement de la république, les patriciens, attentifs à leurs intérêts, préférerent les comices par centuries, où la premiere claſſe l'emportoit ſur toutes les autres. On tira de leur corps deux magiſtrats annuels, qui, ſous le nom modeſte de conſuls, exercerent l'autorité royale. Brutus, auteur de la conſpiration, & Collatin, mari de Lucrece, furent nommés au conſulat. Le nom de roi avoit ſans doute quelque choſe de ſacré, puiſqu'on ne l'abolit pas entiérement. On créa un nouveau ſacerdoce, auquel ce' titre fut attaché ; mais le *roi des ſacrifices* n'eut aucune autorité dans les affaires civiles.

Conſpiration en faveur de Tarquin.

Tarquin abandonné de ſes troupes, s'étoit réfugié à Tarquinie. Les Etruſques envoyerent une ambaſſade à Rome, ſous prétexte de demander la reſtitution de ſes biens. Quelques jeunes Romains furent ſéduits par ces dangereux ambaſſadeurs, & conſpirerent en faveur d'un roi qu'ils croyoient perſécuté,

N.º 14.

ETABLISSEMENT DU CONSULAT. 19

ou dont ils ambitionnoient les bonnes graces. Un esclave découvre le complot. Les deux fils de Brutus se trouvant au nombre des coupables, leur pere prononça lui-même contr'eux la sentence de mort, & les fit exécuter en sa présence : exemple affreux, mais qu'il crut nécessaire pour couper jusqu'à la racine du mal. Les biens de Tarquin furent livrés au peuple. On renvoya les ambassadeurs Etrusques, dont la perfidie avoit violé le droit des gens. Ce trait de modération fait d'autant plus d'honneur aux Romains, que les ennemis de leur liberté devoient leur paroître plus odieux. *Planche XIV. Le consul Junius Brutus juge en présence du peuple ses deux fils, & les fait mettre à mort.*

Collatin parut suspect, uniquement pour s'être montré moins rigide que Brutus envers les conspirateurs : on l'auroit banni, s'il n'avoit abdiqué le consulat, suivant l'avis de son collégue. Celui-ci mourut les armes à la main, dans une bataille contre Aruns, fils du roi. Ils se percerent mutuellement de coups mortels, & la liberté fut cimentée du sang de son principal auteur. On fit l'oraison funebre de Brutus ; les femmes porterent le deuil une année entiere. *Collatin.*

L'esprit de liberté est si ombrageux, que Valérius-Publicola, nouveau consul, homme populaire, fut soupçonné d'aspirer à la tyrannie, parce qu'il bâtissoit une maison sur un terrein qui dominoit la place publique. Pour regagner la confiance des Romains, il démolit sa maison, il ôta les haches des faisceaux de ses licteurs ; il voulut que les faisceaux fussent baissés devant l'assemblée du peuple ; il permit de tuer quiconque tenteroit de s'ériger en souverain; il permit d'appeller au peuple des jugemens mêmes des consuls ; il confia enfin le trésor public à deux sénateurs choisis par le peuple. Sa conduite le fit élire consul quatre fois. Elle devoit naturellement déplaire au sénat, trop jaloux de l'autorité ; mais on avoit besoin du peuple contre l'ennemi. *Publicola.*

Le plus puissant roi de l'Etrurie, Porsenna, avoit épousé la querelle de Tarquin, & parut bientôt aux portes de Rome. Le sénat s'étoit précautionné, soit en faisant des provisions de vivres, soit en déchargeant de tout impôt les *Porsenna.*

C ij

citoyens pauvres, que le mécontentement pouvoit exciter à la révolte. On déclara qu'ils payoient un assez grand tribut, par les enfans qu'ils donnoient à la république. Cependant la ville auroit peut-être succombé, sans l'action presque incroyable d'Horatius-Coclès, qui défendit seul le pont du Tibre, tandis qu'on travailloit à le rompre, pour empêcher l'ennemi de passer. Le siege se tourna en blocus, la famine étoit à craindre. Mucius-Scévola, jeune homme intrépide, se croyant tout permis pour délivrer Rome, pénétra, dit-on, dans le camp du roi étrusque, dans sa tente même, résolu de l'assassiner aux dépens de sa propre vie. Il manqua son coup par méprise. Interrogé sur le motif de son attentat, & sur les complices qu'il pouvoit avoir, on chercha à l'effrayer en ordonnant l'appareil des tortures les plus cruelles & de mille supplices affreux; il répondit sans se laisser ébranler: *je suis Romain, & je sais souffrir;* puis regardant avec fierté le roi, qui commandoit qu'on l'environnât de flammes pour le forcer à s'expliquer sans détour, il porta sur le champ sa main droite sur un brasier ardent, & comme pour la punir, il la laissa brûler sans montrer la plus légère émotion. Ensuite il dénonça fierement à Porsenna que plusieurs autres citoyens avoient formé le même projet. Comment les historiens de Rome ont-ils pu célébrer ce trait, condamné par toutes les loix des nations? Porsenna se montra plus généreux en renvoyant l'assassin. Il conclut la paix avec les Romains.

Clélie. Dès qu'on eut livré les ôtages, Porsenna fit sortir ses troupes du Janicule. Les ôtages étoient au nombre de vingt: dix jeunes patriciens, & autant de filles de condition. Entre ces dernieres étoit la jeune Clélie, d'une des premieres maisons de Rome. Les honneurs dont elle avoit vu récompenser le mérite de Coclès & de Mucius, l'animerent à en mériter de pareils. Elle osa, pour sortir des mains de Porsenna, passer le Tibre à la nage à la tête de ses compagnes, & rentra avec elles dans Rome comme en triomphe. Les Romains craignant qu'on ne prît l'audace de ces filles pour une perfidie de leur part, les renvoya sur le champ à Por-

N.º 15.

N.º 16.

Gabriel de St. Aubin delin.   Chenu sculp.

N.º 17.

N.° 18.

ÉTABLISSEMENT DU CONSULAT.

fenna. Le roi, juste estimateur du mérite par-tout où il l'appercevoit, donna de grands éloges à la jeune Clélie; pour marque de son estime, il lui fit présent d'un beau cheval superbement enharnaché, & lui permit de s'en retourner & d'emmener avec elle la moitié des ôtages à son choix. Elle se conduisit dans ce choix d'une façon qui lui fit honneur: elle préféra les plus jeunes, parce que leur âge les exposoit davantage. Porsenna touché de tant d'actions éclatantes dont il avoit été le témoin, ne put s'empêcher de relever le bonheur d'une ville, qui portoit non-seulement tant de grands hommes, mais encore de jeunes filles qui disputoient aux hommes le mérite de la valeur.

Plan. XVII.
Présens de Porsenna à Clélie.

Horatius-Coclès, Mucius-Scévola & Clélie furent comblés d'honneurs & de récompenses. On érigea à Horatius-Coclès & à Clélie des statues, & on donna des terres à Scévola. C'étoit ainsi que Rome formoit des héros en honorant le courage. Elle perdit dans Valérius-Publicola un vrai modele du patriotisme. Après quatre consulats, il mourut pauvre. On fit ses funérailles aux frais du public, & le deuil que porterent un an les dames Romaines, comme pour Brutus, fut une expression éclatante des regrets de la patrie.

Pl. XVIII.
Monumens érigés par les Romains à Horatius-Coclès, Scévola & Clélie.

Fin de Publicola.

Rome avoit dans son propre sein un principe de soulévement. Les patriciens en général, loin d'être comme auparavant les peres du peuple, ne cherchoient qu'à en devenir les maîtres. L'inégalité de fortune croissoit tous les jours, & avec elle les semences de division. Les pauvres, après avoir accumulé dettes sur dettes, se trouvoient exposés aux violences de créanciers impitoyables, qui les mettoient en prison, ou les réduisoient en servitude. Accablé de vexations, le peuple déclara qu'il ne s'enrôleroit point pour la guerre, à moins qu'on n'abolît les dettes. Quelques-uns menacerent même de quitter la ville.

Principe des divisions.

Valérius, frere de Publicola, propose l'abolition des dettes, comme un parti qu'exigent l'humanité & la prudence. Mais Appius-Claudius, riche Sabin, établi nouvellement à Rome, fier, dur & inflexible, représente qu'abolir

Avis d'Appius-Claudius sur les dettes.

les dettes, seroit ruiner la foi publique ; qu'on pouvoit avoir de l'indulgence pour les débiteurs, qui n'avoient point mérité leur infortune par une mauvaise conduite; mais que les autres étant la honte de Rome, on ne devoit pas les regretter, s'ils l'abandonnoient ; que du reste, on exciteroit la sédition en mollissant.

<small>Établissement de la dictature.</small>

Le sénat renvoya la décision après la guerre, se contentant de suspendre toutes les dettes dans cet intervalle. L'ennemi approchoit. Les mutins s'échauffent davantage, & refusent de prendre les armes, jusqu'à ce qu'on ait accordé leur demande. On proposa, pour mettre fin aux dissentions, de créer un magistrat, nommé Dictateur, qui auroit toute l'autorité entre les mains, & qui gouverneroit souverainement la république, dans les conjonctures où les regles ordinaires étoient impuissantes : il ne devoit rester en charge que six mois, de peur que son pouvoir ne dégénérât en tyrannie. Le peuple, facile à tromper sur l'avenir, qu'il ne prévoit point, approuva sans peine cet expédient.

<small>An de Rome 255. Elle ne fut pas briguée, & on n'en abusa pas.</small>

C'étoit à l'un des consuls qu'on réservoit la nomination du dictateur : le peuple devoit seulement la confirmer. Les deux consuls, Clélius & Lartius, se disputerent généreusement à qui nommeroit son collegue. Lartius céda, & fut dictateur. On doit admirer, comme un des principaux phénomenes de l'histoire, que la dictature, donnant le droit de vie & de mort, & le pouvoir le plus despotique, ait été souvent le salut de Rome; qu'aucun ambitieux n'en ait abusé; qu'on l'ait même abdiquée avant les six mois, dès que son objet étoit rempli. Sylla fut le premier exemple d'usurpation à cet égard : tant les loix avoient d'empire sur l'ame des Romains !

<small>Effet de la création du dictateur.</small>

D'abord Lartius créa un général de la cavalerie, (*magister equitum*) dont la charge devoit durer autant que la sienne ; ce qui fut toujours observé depuis. Ensuite, avec un cortege de vingt-quatre licteurs, qui portoient des faisceaux armés de haches, il se montra résolu de punir sévérement le crime & la révolte. Ses jugemens étant sans appel, les mutins

ETABLISSEMENT DU CONSULAT. 23

tremblerent, ils sentirent la nécessité de l'obéissance. On fit le dénombrement des citoyens; on en trouva plus de cent cinquante mille au-dessus de l'âge de puberté. Le dictateur leva des troupes comme il voulut. Les Latins, qui menaçoient Rome, desirerent une suspension d'armes; il conclut la treve, & se démit aussi-tôt de la dictature.

Dès que la treve fut expirée, les Latins reprirent les armes. Un second dictateur parut nécessaire. Postumius, revêtu de cette dignité, marcha contre les ennemis. Leur armée montoit à quarante-trois mille hommes. Il n'en avoit que vingt-cinq mille. La sanglante bataille de Régille fixa le sort de la république. Titus & Sextus, fils du tyran, y furent tués. A peine échappa-t-il dix mille Latins. Ce peuple demanda la paix, & se soumit. Tarquin mourut à Cumes dans la Campanie, accablé de vieillesse & d'infortune. *Bataille de Régille.*

Les patriciens avoient gardé quelques ménagemens envers le peuple, tant qu'ils craignoient de le voir rappeller Tarquin. Délivrés de cette inquiétude, ils redoublerent leurs violences. Toute la ville fut bientôt remplie de vexations & de murmures. Un vieillard s'échappe de prison; se montre dans la place, maigre, hideux; il découvre les cicatrices des blessures qu'il a reçues à la guerre, & les traces récentes des coups, dont un impitoyable créancier l'a fait déchirer; il raconte ses malheurs causés par l'avarice d'autrui. Le peuple entre en fureur; le sénat s'assemble; Appius-Claudius opine, comme il avoit fait auparavant, à ne rien accorder & à punir. *Les troubles recommencent.*

Dans cette circonstance, les Volsques s'avancent avec une nombreuse armée. Les plébéiens ne dissimulent point leur joie, & déclarent que les patriciens peuvent aller combattre, puisqu'eux seuls profitent des victoires. Mais la douceur du consul Servilius, ses promesses qu'on satisferoit le peuple, la suspension des dettes accordée en attendant, l'amour de la patrie ranimé par l'espérance, calment ces braves citoyens. Les débiteurs à l'envi se font enrôler. Servilius défait les Volsques, & partage tout le butin aux soldats. *Servilius adoucit le peuple.*

Comme le sénat, excité par Appius, refusoit toujours de satisfaire le peuple, la sédition étoit sur le point d'éclater. Les consuls, qui avoient chacun leur armée encore sur pied, ordonnerent aux soldats de les suivre, sous prétexte d'une nouvelle guerre. Ils comptoient sur la force du serment, dont la religion faisoit une loi inviolable pour les Romains. On imagina un expédient frivole, qui servit à éluder la loi : ce fut d'enlever furtivement les enseignes, & de se retirer avec elles. Les soldats juroient de ne point les abandonner. Ils se nommerent des officiers, & établirent leur camp sur le Mont-Sacré, au-delà du Tévéron, à trois milles de Rome. Cette désertion imprévue apprit au sénat combien il s'étoit fait tort à lui-même, par sa dureté & son injustice. Le peuple sortoit en foule, & couroit au Mont-Sacré.

Plan. XIX. Retraite du peuple au mont Sacré.

Les députés qu'on envoya aux séditieux, rapporterent pour réponse, qu'après tant de promesses violées, il n'étoit plus possible de se fier au sénat; que les patriciens voulant dominer en maîtres de Rome, pouvoient y rester les maîtres; mais que les pauvres citoyens vouloient être libres, & que leur patrie seroit le lieu où ils jouiroient de leur liberté. Ce qui étonne davantage, c'est l'ordre & la discipline qu'on voit regner dans leur camp. Point de tumulte, ni de violences. Ils descendent de la montagne pour chercher des vivres, se contentent du pur nécessaire, & retournent tranquillement à leur poste. Jamais armée n'avoit paru plus digne de ce nom sous les consuls.

Suites de cette sédition.

Cette modération même étoit inquiétante pour le sénat. Elle annonçoit une entreprise bien concertée, & des forces redoutables prêtes à fondre sur la ville. La consternation fut générale. Personne n'osa briguer le consulat; il fallut même obliger deux sénateurs à le recevoir. On remit en délibération l'affaire des dettes; on nomma dix députés pour traiter avec le peuple; on leur donna plein pouvoir de conclure, aux conditions qu'ils jugeroient avantageuses à la république. Appius & les jeunes sénateurs s'opposerent en vain à ce parti. Leurs conseils violens avoient eu des suites trop funestes,

Parti que prend le sénat.

N.º 19.

ETABLISSEMENT DU TRIBUNAT.

neftes, pour étouffer encore les fentiments d'humanité. Les chofes en étoient au point, que fans accorder beaucoup au peuple, il étoit impoffible de rétablir l'ordre & la paix. C'eft ainfi que l'abus de l'autorité amene les révolutions.

I I.

Le peuple acquiert de l'autorité.

A LA tête de la députation du fénat, étoient trois hommes dignes de la confiance du peuple : Lartius & Valérius, qui avoient exercé la dictature, & Ménénius-Agrippa, illuftre confulaire, auteur du confeil qu'on venoit de fuivre. Le peuple, malgré fon mécontentement, aimoit la patrie. Il les reçut avec joie ; il eut été fort traitable, fans deux chefs féditieux dont la fougue entretenoit la difcorde. Ménénius employa, dit-on, avec fuccès l'apologue de l'eftomac & des membres. Les membres révoltés contre l'eftomac, qu'ils accufoient de profiter de leur travail & de ne rien faire pour eux, furent détrompés par une trifte expérience : lui ayant refufé leurs fervices, ils tomberent dans une langueur mortelle. C'étoit l'image du peuple, trop prévenu contre le fénat. Des efprits tranquilles pouvoient fentir la juftefle de cet apologue ; mais la multitude avoit befoin d'autres motifs. Ménénius fit furement plus d'impreffion, en déclarant que le fénat aboliroit les dettes.

An de Rome 260. Députés du fénat.

Un des chefs du peuple, Junius-Brutus, repréfenta qu'on devoit prendre des précautions pour l'avenir ; il demanda qu'il y eût des magiftrats plébéiens, chargés uniquement de veiller aux intérêts du peuple. On s'étoit mis dans la malheureufe néceffité, ou d'effuyer la guerre civile, ou d'accorder aux mutins ce qu'ils exigeoient. Le fénat confentit à l'élection des tribuns du peuple. C'eft le nom de ces nouveaux magiftrats, tirés du corps des plébéiens pour les

Etabliffement des tribuns du peuple.

D

protéger. On déclara par une loi que leur personne seroit sacrée ; que si quelqu'un les frappoit, il seroit maudit, & ses biens voués au service de Cérès ; que le meurtrier pourroit être tué sans forme de justice.

Leur pouvoir. Les tribuns n'eurent aucune marque de dignité. Assis à la porte du sénat, ils ne pouvoient y entrer que par ordre des consuls. Leur pouvoir étoit renfermé presque dans l'enceinte de Rome ; il leur étoit défendu de s'absenter de la ville. Mais qu'un seul formât opposition contre un décret du sénat, c'en étoit assez pour l'annuller : son *veto* arrêtoit tout. Nous verrons leur autorité s'accroître de jour en jour, & devenir redoutable comme celle des éphores de Sparte. Ils furent d'abord cinq, & ensuite dix. Leur charge étoit annuelle. Dès le commencement, ils firent créer deux édiles, magistrats plébéiens, qui étoient leurs officiers, chargés de la police des bâtimens.

Prise de Corioles. L'établissement du tribunat & la suppression des dettes ayant ramené le peuple au devoir, le consul Postumius-Cominius battit les Volsques, & prit Corioles, leur capitale. Il dut principalement ses succès à la valeur de Marcius, jeune patricien, qui avoit toutes les qualités d'un héros, mais non la modération d'un sage. Le consul, après l'avoir couronné de sa main, voulut l'enrichir. Il lui destinoit la dixieme partie du butin : Marcius la refusa. Le surnom de Coriolan fut une récompense plus digne de lui ; il la reçut des soldats, dont il faisoit l'admiration.

Malgré les exemples d'avarice donnés par un nombre de patriciens, le mépris des richesses distingua encore long-temps les héros de la république. Cette noble vertu, qui, dans le même temps, mettoit Aristide au-dessus de tous les *Pauvreté de Menénius-Agrippa.* grands hommes d'Athenes, étoit si chere à Ménénius-Agrippa, qu'il mourut sans laisser dequoi faire ses funérailles. Le peuple se taxa pour lui en faire de magnifiques, & ne voulut point reprendre l'argent qu'il y destinoit, quoique le sénat eût chargé les questeurs de la dépense : il le donna aux enfans du mort.

ETABLISSEMENT DU TRIBUNAT.

On n'avoit point enfemencé les terres. Quelques foins que prît le fénat pour remédier à la difette, on fouffrit & on murmura. Le peuple fouffrant eft pour l'ordinaire injufte, parce que, fans réfléchir fur les caufes de fa mifere, le fentiment des maux l'aigrit contre ceux dont il attend en vain des fecours. On fuppofa que les fénateurs gardoient tout le bled pour leurs familles. Les tribuns accréditerent ce bruit, & échaufferent les têtes. Appius infpire au fénat la réfolution de les réprimer & de les punir. Les confuls affemblent le peuple pour cet effet. Interrompus par les tribuns, ils prétendent leur fermer la bouche ; ils leur difputent le droit de parler dans les affemblées. Cette querelle fournit aux tribuns l'occafion d'étendre leur autorité.

Effets de la difette.

Junius-Brutus, un des édiles, le même factieux dont nous avons vu l'audace, ayant obtenu des confuls la permiffion de prendre la parole comme pour terminer la difpute, leur demanda pourquoi ils empêchoient les tribuns de parler au peuple. « C'eft, répondit un conful, parce qu'ayant convoqué nous-mêmes l'affemblée, la parole nous appartient. » Si les tribuns l'avoient convoquée, loin de les interrompre, » je ne viendrois pas les entendre ». Ce mot imprudent eut de grandes fuites. « Vous avez vaincu, plébéiens, s'écria » Junius. Tribuns, laiffez haranguer les confuls. Demain je » vous ferai connoître la dignité & la puiffance de vos » charges ». En effet, par fon confeil, les tribuns, le lendemain dès la pointe du jour, fe rendent à la place publique, fuivis de prefque tout le peuple.

Accroiffement du pouvoir des tribuns.

L'un d'eux, nommé Icilius, repréfente qu'il eft effentiel, pour l'exercice du tribunat, de convoquer des affemblées, & de pouvoir haranguer fans crainte d'être interrompu. On applaudit ; on approuve une loi qu'il avoit dreffée la nuit avec fes collegues. Cette loi porte : « Que dans les affem- » blées tenues par les tribuns, perfonne ne les interrompe » & ne les contredife ; que fi quelqu'un ofe le faire, il donne » caution pour l'amende à laquelle il fera condamné, & » qu'il foit puni de mort, s'il refufe la caution ». Par-là les tribuns augmentoient confidérablement leur pouvoir ; mais fans ce privilege ils n'auroient pu protéger le peuple que foiblement. Une loi pareille étoit un coup terrible porté au fénat. Il refufa d'abord de la confirmer, foutenant qu'elle étoit l'ouvrage d'une affemblée illégitime. On lui déclara que s'il rejettoit les *plébifcites*, ou ordonnances du peuple, on rejetteroit les *fenatus-confultes*, ou les décrets du fénat: il céda enfin, foit par néceffité, foit par complaifance.

On avoit reçu du bled de Sicile, reffource précieufe dans la difette. Le petit peuple fouffroit toujours, mais fans commettre aucune violence, & fe contentant du peu que la terre lui donnoit pour vivre. La dureté hautaine de Coriolan le mit en fureur. Quand il fut queftion dans le fénat de l'ufage qu'on feroit de ce bled, les uns propoferent de le diftribuer gratuitement aux pauvres : les autres de le vendre fort cher, afin de punir & de dompter l'audace du peuple. Coriolan foutint qu'il falloit profiter des circonftances, abolir le tribunat, caffer les conventions du mont Sacré. Ce héros, dont on vante la probité & le défintéreffement, ne connoiffoit pas les vertus douces qui gagnent les cœurs.

Coriolan.

Les tribuns, fachant ce qui fe paffoit, invoquent les dieux vengeurs du parjure. Le peuple s'échauffe, & veut maffacrer Coriolan. Ils arrêtent le peuple ; mais ils fomment Coriolan de comparoître devant eux. Le fier patricien méprife leur citation. Ils entreprennent de le faifir, & font repouffés par de jeunes fénateurs. Enfin ils convoquent une affemblée, où Coriolan bien loin de faire fon apologie, répete d'un ton impérieux tout ce qu'il a dit au fénat. Il jure aux tribuns une haine irréconciliable, en les appellant *le poifon de la tranquillité publique*. Sicinius, un des tribuns, le condamne à mort fur le champ, de fa propre autorité, & ordonne qu'on le précipite de la roche Tarpéienne. Comme les patriciens fe difpofoient à le défendre, & que la populace ne remuoit point, par refpect pour les confuls, Sicinius le cite au jugement du peuple dans vingt-

Il eft condamné.

Gabriel de St Aubin Del. de Lorraine Sculp.^t 1761.

N.º 20.

N.º 21.

ETABLISSEMENT DU TRIBUNAT. 29

sept jours ; il est condamné à un bannissement perpétuel. *Ce qui arriva après sa condamnation.*

Après la condamnation de Coriolan, le peuple triompha comme d'une victoire décisive, remportée sur les patriciens. Il auroit dû plutôt se reprocher son ingratitude envers un citoyen dont il avoit reçu les services les plus signalés, & dont le crime étoit imaginaire & sans preuves. On éprouva bientôt combien il importe de ménager des hommes aussi capables, par leur caractere, de nuire que de servir. Coriolan n'écouta plus que la vengeance, & se retira chez les Volsques, dans la maison de Tullus-Attius. Il y entra sans avoir été d'abord apperçu, & alla s'asseoir près du foyer, sous la protection des dieux pénates ; il demeura ainsi sans remuer, la tête couverte, & observant le silence le plus profond. Les esclaves & autres serviteurs de Tullus-Attius étonnés de l'apparition subite & de la contenance de l'étranger, en vont rendre compte à leur maître qui est à table. Tullus quitte aussitôt ses convives : il s'avance vers Coriolan, qui se découvrant la tête lui explique le motif de sa démarche, & le prie d'engager les Volsques à prendre les armes contre sa patrie. Il devint leur général, entra sur le territoire de Rome, & répandit partout la terreur. Le peuple, gouverné par les événemens, demandoit son rappel ; le sénat s'y opposoit. Mais le danger adoucit les sénateurs. Ils lui envoyerent une députation qu'il reçut avec dédain. Les prêtres vinrent à leur tour, & furent congédiés de même. Véturie, sa mere, à la tête des dames romaines, alla enfin désarmer un fils rebelle. Les sentimens de la nature dompterent cette ame orgueilleuse. *Rome est sauvée*, s'écria-t-il, *mais votre fils est perdu.* Coriolan fit la paix (*). Il mourut, selon quelques auteurs, assassiné par les Volsques, selon d'autres, languissant dans une triste vieillesse, & regrettant sa patrie.

Planche XX. Coriolan se retire chez les Volsques.

Planche XXI. Coriolan fléchi par sa mere.

Rome étoit désolée par une maladie épidémique, terrible *Mort de la vestale Urbinia.*

(*) En mémoire du service qu'avoit rendu Véturie, le sénat bâtit un temple à la *Fortune des femmes*, où les Dames eurent seules le droit d'entrer.

dans ſes effets qui dépeuploit la ville, & la rempliſſoit d'un deuil univerſel. Le ſénat ordonna des *ſupplications*; cérémonie religieuſe qu'on ne manquoit pas d'obſerver dans les calamités publiques. Alors on couroit tous les temples, & l'on faiſoit des proceſſions. La ſuperſtition attribua la fin de ce fléau au ſupplice de la veſtale Urbinia, qui ayant été convaincue d'un commerce criminel, fut miſe à mort, & eſſuya le ſupplice ordinaire, qui étoit d'être enfermée toute vivante dans une foſſe, avec un pain, une cruche d'eau, un vaſe plein de lait, & une lampe.

Plan. XXII. Supplications pour une maladie contagieuſe dont on attribua la fin au ſupplice de la veſtale Urbinia.

Loi agraire.

Les diſputes ſe réveillerent à l'occaſion d'une loi agraire, propoſée par le conſul Caſſius. L'ambition ſeule lui inſpira, dit-on, cette loi, comme un moyen de parvenir à la ſouveraine puiſſance. Il vouloit que l'on partageât, non-ſeulement aux Romains, mais aux alliés, une partie des terres conquiſes, & celles même que les patriciens avoient uſurpées depuis long-temps. L'article des alliés déplut au peuple, qui ſe réſervoit tout le profit du partage. Le ſénat convint que les étrangers n'y auroient de part, qu'autant qu'ils auroient aidé à la conquête. On ne cherchoit qu'à gagner du temps pour faire tomber le projet de Caſſius. Dès que ce conſul ſortit de charge, deux queſteurs l'accuſerent devant le peuple d'avoir aſpiré à la tyrannie. Il fut puni de mort. Son propre pere, ſuivant quelques écrivains, fut ſon accuſateur dans le ſénat, & le fit exécuter dans ſa maiſon. Ce qu'il y a de certain, c'eſt que le ſénat eut ſouvent recours à l'accuſation de tyrannie contre ceux qu'il avoit intérêt de perdre.

On demandoit inutilement le partage que le ſénat avoit promis. Tout annonçoit une prochaine rupture. C'eſt alors que les conſuls mirent principalement leur politique à exciter ſans ceſſe de nouvelles guerres, qui puſſent occuper au-dehors l'ardeur inquiete des plébéiens. Ceux-ci refuſoient de s'enrôler; mais on les y obligeoit, en les menaçant d'un dictateur. Les Eques, les Volſques, les Véiens, les Etruſques, furent battus en diverſes rencontres,

Nº 22.

ETABLISSEMENT DU TRIBUNAT. 31

Appius, après son consulat, s'opposoit avec la même ardeur, aux demandes des tribuns pour le partage des terres. Ceux-ci l'accusent devant le peuple. Il comparoît plutôt en juge qu'en accusé. Il impose tellement, que l'on n'ose rien prononcer contre lui. Il se donne ensuite la mort, prévoyant qu'une seconde assemblée le condamneroit. Son fils, malgré les tribuns, fit son oraison funebre, à laquelle le peuple même applaudit ; tant la fermeté courageuse du pere avoit excité d'admiration. De tels hommes, en se modérant, auroient fait le bonheur & la gloire de leur patrie. Les querelles continuerent entre les deux ordres. *Mort d'Appius.*

On n'avoit pas encore de loix civiles, propres à régler la conduite & à maintenir la fortune des citoyens. Les consuls jugeoient tous les différends, ou par les principes de l'équité naturelle, ou par les anciennes coutumes, ou par quelques loix de Romulus & de ses successeurs, dont il restoit à peine des vestiges; & le sort des particuliers dépendoit ainsi des caprices des patriciens. *Loix.*

Le tribun Térentius entreprit de remédier au désordre. Il proposa de publier un corps de loix, qu'on seroit obligé de suivre dans l'administration de la justice. Il ne s'en tint pas là. Après avoir déclamé contre le pouvoir des consuls, qu'il dépeignoit comme deux monarques absolus, il demanda l'élection de cinq commissaires, pour fixer des bornes à leur puissance. Tel fut l'objet de la fameuse loi Térentia, aussi capable que la loi agraire d'inquiéter les sénateurs. On l'attaqua, on la défendit avec la chaleur ordinaire. Quintius-Céson, fils du grand Cincinnatus, dont on parlera bientôt, fut la victime des tribuns, parce qu'il s'opposoit à leur entreprise. Faussement accusé, il sortit de Rome, sans attendre le jugement. Dix citoyens s'étoient fait sa caution pour une somme. Son pere la paya, & fut obligé de vivre dans une petite métairie, unique bien qui lui restoit. *Loi Térentia.*

Herdonius, riche Sabin, surprend le capitole à la faveur de ces troubles. Les consuls ordonnent au peuple de s'armer contre l'ennemi. On monte au capitole, on le délivre. Le

Cincinnatus. conful Valérius ayant été tué à l'affaut, Quintus-Cincinnatus eft tiré de la charrue pour le remplacer. En mêlant la fermeté à la douceur, il rétablit l'ordre ; il remet la juftice en vigueur ; il fait oublier, en quelque forte, les tribuns.

Plan. XXIII. Imprudence du conful Minucius, réparée par Cincinnatus. Après fon confulat, Minucius, un de fes fuccefseurs, fe laissa envelopper par les Eques, à qui il faifoit la guerre. Le péril de l'armée romaine engage à créer un dictateur. Le choix tombe fur Cincinnatus. Cet illuftre laboureur quitte de nouveau fon champ, fe met à la tête des citoyens, délivre Minucius, revient en triomphe voir fon fils Céfon, juftifié & rappellé, abdique la dictature le feizieme jour, & va reprendre fa charrue, dont il fait plus de cas que des honneurs.

Ceux qui rabaissent ces exemples admirables, en difant que les Romains ignoroient alors la féduction des richesses, ont-ils assez réfléchi aux traits d'avarice, fi communs parmi les patriciens depuis le commencement de la république ? L'amour de la pauvreté n'appartenoit qu'aux grands hommes. Si cette vertu étoit rare, la pauvreté du moins écartoit les vices corrupteurs ; & la difcipline militaire, jointe à la force du corps & au courage, devoit rendre les Romains invincibles.

Loi Térentia reçue. Enfin, après de nouvelles difputes, pleines d'animofité & de violences, le fénat, qui craignoit la ruine entiere de la république, donna fon confentement à la loi Térentia. Il fut réfolu que dix commissaires feroient chargés de rédiger un corps de loix ; qu'ils feroient revêtus pour un an de la puissance fouveraine ; que toutes les magiftratures cesseroient dans cet efpace de tems, même le tribunat, dont l'autorité s'étoit maintenue fous les dictateurs ; que les jugemens des décemvirs feroient fans appel, & qu'à eux feuls appartiendroit le pouvoir de faire la paix ou la guerre. On nomma d'abord Appius-Claudius, alors conful, fils du fecond Appius, qui s'étoit tué lui-même. Son collegue lui fut affocié, avec d'autres confulaires, & trois fénateurs qu'on avoit députés à Athenes, pour y recueillir les loix de la Grece.

III.

N.º 23

III.

Les Décemvirs.

LA légiflation étant le principal objet du nouveau gouvernement, les décemvirs travaillerent à leur code avec ardeur. Un Grec, exilé d'Ephefe, leur interpréta les loix qu'on avoit apportées d'Athenes. Ils y ajouterent une partie des anciennes ordonnances royales. Cet ouvrage fini, ils l'expoferent en public fur dix tables de chêne, invitant les citoyens à l'examiner, à choifir, en un mot à être leurs propres légiflateurs. Le fénat avoit approuvé les loix par un décret. Le peuple fatisfait, les confirma. Deux autres tables, propofées l'année fuivante, furent acceptées de même, malgré un article odieux, qui défendoit aux patriciens de s'allier avec les familles plébéiennes.*An de Rome 302. Loix des XII tables.*

Ces loix des douze tables, dont il ne refte qu'un petit nombre de fragmens, étoient claires & précifes, fupérieures en ce point aux loix de Solon, quoique beaucoup moins conformes à l'humanité. Les peres confervoient fur leurs enfans un pouvoir abfolu, & les maîtres fur leurs efclaves. Les débiteurs étoient livrés aux violences des créanciers. Des peines capitales contre les auteurs de libelles & les poëtes; plufieurs autres difpofitions cruelles, qu'il fallut bientôt adoucir, font connoître l'efprit des légiflateurs. Rome gagnoit cependant beaucoup à recevoir des loix, qui fuffent une regle fixe pour les citoyens, & vraifemblablement le peuple confidéra plus cet avantage, que les inconvéniens de quelques difpofitions tyranniques.

Si le décemvirat n'avoit produit que les douze tables, il eut été une époque glorieufe pour la république. Mais il dégénéra en tyrannie, & en ne refpectant rien, les tyrans fe perdirent eux-mêmes. *Abus du gouvernement des décemvirs.*

Appius étoit refté à Rome, tandis que fes collegues *Attentat d'Appius.*

faisoient la guerre. Il devint amoureux de la jeune Virginie, fille de Virginius, vaillant plébéien, & promise en mariage à Icilius, ancien tribun du peuple. Après de vaines tentatives pour satisfaire sa passion, il voulut la faire enlever par force, en qualité de juge, la supposant née d'une esclave d'un de ses cliens qui la reclamoit. Icilius défend Virginie avec l'ardeur d'un amant ; le peuple s'émeut, Appius est chassé de son tribunal. Virginius, averti du danger de sa fille, s'étoit hâté de partir du camp où il étoit, pour voler à son secours. Il arrive, il plaide sa cause ; il voit le redoutable décemvir prêt à se rendre maître par une sentence de la personne de Virginie. Pour sauver l'honneur de sa fille, il lui enfonce un couteau dans le sein ; & montrant le couteau ensanglanté à Appius : *C'est par ce sang*, lui dit-il, *que je dévoue ta tête aux dieux infernaux*. Appius ordonne en vain de l'arrêter. Il se fait jour à travers le peuple, dont il excite la haine contre les tyrans, & il va répandre parmi les soldats, le desir de la liberté & de la vengeance.

Plan. XXIV.
Virginie tuée par son pere, pour la sauver de l'esclavage.

Le décemvirat est aboli.

Des scenes si tragiques ne manquent pas leur effet, quand les hommes souffrent impatiemment le joug. Excepté un petit nombre d'ames serviles, tous abandonnerent les décemvirs, & se livrerent aux sentimens républicains. Les deux armées se réunirent sur le mont Sacré, où le peuple les suivit en foule. Le sénat ne savoit quel parti prendre. Enfin la clameur générale ayant forcé les décemvirs à se démettre, on députa au peuple Horatius & Valérius, leurs ennemis, avec plein pouvoir de conclure la pacification. On rétablit le tribunat & le droit d'appel au peuple ; on abolit le décemvirat. Valérius & Horatius furent faits consuls. Des loix populaires qu'ils établirent, augmenterent l'attachement pour eux. Ils ordonnerent que les plébiscites, émanés des comices par tribus, obligeroient tous les citoyens, comme les loix émanées des comices par centuries. Cette loi, extrémement favorable aux tribuns, ne pouvoit que chagriner le sénat : les circonstances l'engagerent à y consentir.

N.º 24

DECEMVIRS.

Les discordes intestines se ranimerent souvent dans Rome. Chaque tribun vouloit se signaler par des victoires sur le sénat.

Une loi des douze tables défendoit les mariages entre les patriciens & les plébéiens, ce qui élevoit entre les deux ordres une barriere odieuse. Les premiers, en possession du consulat, se croyoient réellement nés pour l'empire : les autres, avec le secours du tribunat, tendoient sans cesse à rétablir l'égalité. Canuléius, tribun hardi, secondé par ses collegues, protesta solemnellement qu'il s'opposeroit à toute levée de troupes, jusqu'à ce qu'on eût rendu la liberté des mariages, & même jusqu'à ce qu'on eût réglé que les plébéiens, comme les autres, pourroient être nommés consuls. A la veille d'une guerre, il falloit de la condescendance. L'article des mariages fut accordé. *Dispute sur les mariages.*

Mais dans la crainte d'avilir le consulat, les sénateurs proposerent la création de trois tribuns militaires qui tiendroient lieu de consuls, & qui seroient choisis indifféremment parmi les patriciens & les plébéiens. Le peuple ayant approuvé ce projet, donna une preuve singuliere de modération : il nomma trois patriciens à la nouvelle dignité. Ceux-ci abdiquerent quelques mois après, parce que les auspices, dit-on, n'avoient pas été favorables. Ce fut, sans doute, un artifice du sénat, pour remettre les choses sur l'ancien pied. On rétablit effectivement le consulat. Les tribuns n'avoient aucun intérêt à s'y opposer, dès que le peuple étoit résolu de donner ses suffrages aux patriciens, dont les talens & l'habileté méritoient la préférence. *Création de tribuns militaires.* *Rétablissement du consulat.*

Depuis dix-sept ans, on n'avoit point fait le cens ou le dénombrement des citoyens, & l'interruption de cette sage coutume troubloit l'ordre de la république. Les consuls Quintius-Capitolinus & M. Géganius penserent à la rétablir. Trop accablés d'affaires pour remplir eux-mêmes une pareille fonction, comme le faisoient les anciens consuls, ils introduisirent une nouvelle magistrature que l'on chargea de ce soin. Telle fut l'origine des censeurs. Leur dignité parut d'abord peu importante ; mais elle s'éleva en peu d'années, *An de Rome 310. Etablissement des censeurs.*

E ij

presqu'au niveau du consulat. La censure acquit l'inspection des mœurs, le droit de punir & de dégrader quelque citoyen que ce fût. Le soin des finances, l'entretien des édifices publics lui furent confiés. C'est à elle qu'on doit attribuer en partie la gloire & la prospérité de Rome; car, selon le président de Montesquieu, *il y a de mauvais exemples qui sont pires que des crimes, & plus d'états ont péri, parce qu'on a violé les mœurs, que parce qu'on a violé les loix.*

<small>An de Rome 347.
Etablissement de la paie des soldats.</small>

L'an de Rome 347, il y eut un décret du sénat, pour accorder une paie aux soldats qui servoient dans l'infanterie. Le peuple en fut transporté de joie. Le service militaire qu'il faisoit à ses dépens, étoit la cause des emprunts, de la misère, des troubles. Il témoigna la plus vive reconnoissance aux sénateurs, protestant que tout citoyen prodigueroit désormais son sang pour la défense de la patrie.

Jusqu'alors la guerre n'avoit consisté qu'en courses sur le pays ennemi, & en combats très-rarement décisifs. Une campagne de vingt ou trente jours épuisoit les ressources du soldat. Des armées entretenues aux frais de la république, pouvoient seules étendre au loin sa puissance. C'est donc ici un changement remarquable. L'établissement des troupes soudoyées fera de même époque dans les monarchies modernes.

<small>Conspiration de Mélius.</small>

Sp. Mélius de l'ordre des chevaliers, fort riche & encore plus ambitieux, songea à profiter du malheur des tems, se flattant que le peuple, dans une calamité si générale, feroit bon marché de sa liberté. Ayant acheté de ses deniers une grande quantité de bled, il en fit des distributions. Il dressa toutes ses batteries pour parvenir à la royauté, la regardant comme l'unique récompense digne de lui. L. Minucius préfet des vivres, ayant appris ce qui se passoit chez Mélius, en donna avis au sénat; sur ce rapport les sénateurs firent beaucoup de reproches aux consuls de n'avoir pas découvert une conjuration de cette importance, & nommèrent sur le champ pour dictateur L. Quintius-Cincinnatus. Celui-ci choisit Servilius-Ahala, pour général de la cavalerie. Le len-

N.º 25.

N.º 26.

DÉCEMVIRS.

demain Cincinnatus parut dans la place, & monta sur son tribunal escorté de ses licteurs armés de leurs haches d'armes, & avec tout l'appareil de la souveraine puissance. Le peuple surpris & effrayé d'un mouvement si subit, ne savoit quelle en pouvoit être la cause. Alors le dictateur envoie Servilius sommer Mélius de comparoître devant lui. Mélius surpris & incertain du parti qu'il devoit prendre, différoit d'obéir & cherchoit à s'échapper. Servilius mande à un licteur de l'arrêter. Cet officier ayant exécuté cet ordre, Mélius implore le secours du peuple Romain. Le peuple s'émeut, ses partisans s'animent les uns les autres, & l'arrachent des mains du licteur. Mélius se jetta dans la foule pour se dérober à la poursuite de Servilius ; mais celui-ci l'ayant atteint lui passe son épée au travers du corps, & tout couvert de sang, il vient rendre compte au dictateur de tout ce qu'il a fait. *J'approuve votre action*, dit le dictateur, *& je vous loue de votre zele, Servilius. Vous venez de délivrer votre patrie d'un tyran qui vouloit la réduire en servitude.*

Plan. XXV.
Mort de Mélius.

Une grande peste qui se fit sentir cette année à Rome, donna lieu à une nouvelle cérémonie de religion appelée *Lectisterne*. La coutume à Rome, dans les grands dangers, ou dans les grandes prospérités, étoit d'ordonner des repas solemnels aux dieux, pour implorer leurs secours ou pour leur rendre de publiques actions de graces, de la protection qu'on en avoit reçue. Des officiers appelés *triumvirs*, & dans la suite, quand le nombre en fut porté à sept *septemvirs*, fort considérés à Rome, présidoient à ces festins : ils dressoient dans les temples autour de la table, selon l'usage de ces tems, des lits couverts de tapis magnifiques, & des sièges. On y plaçoit des statues des dieux & des déesses qu'on avoit invités au repas, qui étoit servi sur la table, & ils étoient censés y assister, & y prendre part. Cela se pratiqua de la sorte en public au nom de l'état dans cette occasion. Les particuliers en firent autant de leur côté, pendant huit jours que dura cette fête, & se donnerent mutuellement des festins. Les portes des maisons furent

Etablissement du Lectisterne, ou fête générale en l'honneur des grands Dieux que l'on adoroit chez les Romains.

Plan. XXVI.
Célébration du Lectisterne.

ouvertes dans toute la ville. On dreſſa des tables & on fit des repas, où tout étoit commun, & où tout le monde étoit bien reçu. On y invita également les connus & les inconnus. On ſe réconcilia avec ſes ennemis. On fit ceſſer les querelles & les procès. On ôta aux priſonniers leurs liens pendant tout le tems que dura la fête. Puis on ſe fit ſcrupule de remettre dans les fers, ceux que les dieux en avoient délivrés.

An de Rome 348.
Siége de Véies.

L'an 348, le ſiége de Véies fut réſolu. Cette ville d'Etrurie, voiſine de Rome, étoit riche, forte, ennemie mortelle des Romains. Ils l'attaquerent avec une méthode, dont leur hiſtoire ne fournit encore aucun exemple. Ils firent des lignes de circonvallation & de contrevallation, les unes pour ſe précautionner contre les ſorties, les autres contre les attaques de ceux qui viendroient au ſecours des aſſiégés. Les généraux voulant paſſer l'hiver dans les lignes, ordonnerent aux troupes d'y conſtruire des baraques. Ils furent d'autant mieux obéis, que les ſoldats préféroient le camp à la ville, où leur paie auroit ceſſé.

Plan. XXVII.
Camille ſe rend maître de Véies que les Romains aſſiégeoient depuis dix ans.

La méſintelligence des généraux, les emportemens des tribuns du peuple, les efforts des ennemis, firent traîner la guerre en longueur. Camille, créé dictateur, étoit digne de la terminer. Il s'ouvrit un chemin ſous terre pour pénétrer dans la place, qu'il déſéſpéroit de prendre d'aſſaut. Tandis qu'une partie des Romains attaquoit les remparts, le reſte entra par le ſouterrain dans la ville : elle fut priſe après un ſiege de dix ans.

An de Rome 361.
Siege de Faléries.
Pl. XXVIII.
Trahiſon d'un maître d'école pendant ce ſiége.

Faléries, ville des Faliſques, fut aſſiégée quelque tems après. Un maître d'école, ſortant tous les jours de la place avec ſes écoliers, gagna le camp de Camille, & lui livra cette jeuneſſe. On ne peut s'empêcher d'applaudir à l'action du général. Camille renvoya ce traître, les mains liées derriere le dos, battu de verges par ſes diſciples ; & les aſſiégés, pleins d'admiration pour la vertu des Romains, demanderent auſſi-tôt la paix.

Camille accuſé.

Un tribun accuſa Camille de s'être approprié une partie du butin de Véies. Il eſt vrai qu'après la diſtribution des

N.º 27.

dépouilles, il en avoit redemandé la dixieme partie, pour l'accomplissement d'un vœu en l'honneur d'Apollon. Les pontifes avoient été consultés sur ce vœu ; on l'avoit accompli avec ardeur, & les femmes y avoient concouru, en sacrifiant leurs bijoux.

Mais le peuple étoit irrité contre sa personne, soit par la perte de cette portion de butin qu'on lui avoit enlevée, soit parce que le général avoit triomphé d'une maniere trop fastueuse. Celui-ci auroit été condamné : il s'exila volontairement, pour prévenir une sentence injuste. Le besoin fait regretter les grands hommes. Les Romains sentirent bientôt qu'on ne remplaçoit pas un Camille.

IV.

Les Gaulois en Italie.

LES Gaulois, habitans de la Gaule celtique, entre la Seine & la Garonne jusqu'aux Alpes, avoient fait une irruption en Italie, dès le regne du premier Tarquin ; ils y étoient venus plusieurs fois depuis chercher des établissemens. On leur attribue la fondation de Milan, de Côme, de Brescia, de Crémone & de quelques autres villes. Aruns, de Clusium en Etrurie, à qui ses concitoyens avoient refusé justice, attira de nouveau ces étrangers. Les vins d'Italie, furent, dit-on, le motif par lequel il les engagea dans sa querelle. Clusium assiégé implora le secours de Rome. Quoique le sénat n'eût aucune raison particuliere de s'intéresser au sort des Etrusques, il envoya trois jeunes patriciens, avec ordre de négocier la paix. L'imprudence des ambassadeurs fit tomber l'orage sur Rome même.

An de Rome 363. Ce qui attira les Gaulois en Italie.

Ils demanderent à Brennus, le chef des Gaulois, quel droit il pouvoit avoir sur l'Etrurie. Brennus répondit que les Clusiens ayant des terres inutiles, refusoient injustement de les

Ils attaquent les Romains.

HISTOIRE ROMAINE.

céder aux Gaulois ; que ceux-ci y avoient autant de droit que les Romains sur les terres dont ils s'étoient emparés ; que tout appartenoit aux gens courageux, & que l'épée faisoit leur droit. Les ambassadeurs, dissimulant leur indignation, demanderent à entrer dans la place, sous prétexte de conférer avec les assiégés. Mais, au lieu d'inspirer la paix, ils se mirent à la tête des Clusiens, & combattirent les Gaulois.

Aussi-tôt Brennus marche vers Rome, envoie demander satisfaction, & veut qu'on livre les coupables à sa vengeance. Le sénat embarrassé, laisse au peuple le jugement de cette affaire. Loin de condamner les ambassadeurs, on les récompensa. C'étoit provoquer le Gaulois. Il précipita sa marche, assurant qu'il n'en vouloit plus qu'aux Romains.

Journée d'Allia. Ceux-ci furent défaits à la journée d'Allia, presque sans combattre. On n'avoit pas consulté les augures que la superstition politique du sénat rendoit si respectables au peuple : sans doute, ce fut un motif de découragement pour les soldats. Rome se remplit de consternation & de terreur. Les vieillards, les femmes & les enfans se refugient dans les villes voisines. La jeunesse s'enferme dans le capitole, pour le défendre jusqu'à la derniere extrémité. Quatre-vingts sénateurs se dévouent par vœu à la mort ; dévouement patriotique auquel on attachoit la vertu d'épouvanter les ennemis. Les *Pl. XXIX.* Gaulois arrivent, massacrent ces hommes vénérables, immo- *Prise de Rome* biles sur leurs chaises curules. Ils attaquent le capitole ; & *par les Gaulois.* ayant été repoussés, ils mettent le feu à la ville. C'est alors que les anciens monumens historiques furent brûlés.

Rome sauvée. Si Camille avoit préféré le triste plaisir de la vengeance au devoir de citoyen, Rome étoit perdue sans ressource. Mais toujours sensible à l'amour de la patrie, & peut-être à l'ambition de commander les Romains, il engagea les Ardéates, chez qui il vivoit en exil, à prendre les armes contre les Gaulois. Il tailla en pieces un de leurs détachemens. Les Romains reprirent courage, le conjurerent de se mettre à leur tête, & on le nomma dictateur.

Manlius au capitole. Manlius, ancien consul, sauva le capitole, attaqué de nuit

par

Le traité des Romains assiégés dans le capitole, et des Gaulois est rompu par le dictateur Camille.

GAULOIS EN ITALIE.

par les Gaulois. On peut douter que les oies, plus vigilantes que les chiens, aient donné l'alarme & éveillé Manlius, comme les hiſtoriens le racontent. Mais il eſt avéré que les oies furent depuis en honneur à Rome, & que les chiens y furent déteſtés & même punis ; car on ne manquoit pas d'en empaler un tous les ans. Ces petiteſſes entretenoient un peuple ſuperſtitieux, dans l'idée que le ciel faiſoit des miracles pour la république.

Les circonſtances qui ſuivent, n'ont guere plus de vraiſemblance. Selon Tite-Live, après ſept mois de blocus, les aſſiégeans & les aſſiégés, également abattus par la diſette & les maladies, entament une conférence. Brennus exige mille livres peſant d'or : on convient d'acheter à ce prix une paix honteuſe. Sulpicius apporte la ſomme ; il ſe plaint que les Gaulois ſe ſervent de fauſſes balances : Brennus, pour toute réponſe, ajoute ſon épée au poids, en s'écriant : *Malheur aux vaincus*. Camille ſurvient à ce moment ; il rompt le marché, comme dictateur : *C'eſt le fer*, s'écrie-t-il, *& non l'or, qui doit racheter les Romains*. On ſe bat ; les ennemis ſont maſſacrés ; il n'en reſte pas un ſeul pour porter la nouvelle du déſaſtre.

<small>Traité des Romains conclu avec les Gaulois.</small>

<small>Plan. XXX. Rompu par Camille qui chaſſa les Gaulois.</small>

Indépendamment du merveilleux, qui rend cette narration fort ſuſpecte, le récit de Polybe ne permet point d'y ajouter foi. Il nous apprend que les Gaulois s'accommoderent avec les Romains, leur rendirent la ville, & coururent défendre leur propre territoire attaqué par les Vénetes.

Manlius, le ſauveur du capitole, patricien diſtingué par ſes ſervices, qui avoit mérité & obtenu trente-ſept récompenſes militaires, aſpiroit, dit-on, à l'autorité ſuprême. Il ſoutenoit, il animoit les plébéiens contre les nobles; il payoit les dettes des pauvres, & les déroboit à la pourſuite de leurs créanciers; il employoit le talent dangereux de flatter & de gagner le peuple, dans la vue de l'aſſujettir. Mais il fut, comme tant d'autres, la victime de cette ambition. Coſſus, nommé dictateur par le ſénat, le fit arrêter, ſans que perſonne oſât y mettre obſtacle. Tel étoit l'empire de la dictature.

<small>Ambition de Manlius & ſa fin.</small>

F

Dès que Coſſus eut abdiqué ſa dignité, Manlius élargi renoua toutes ſes intrigues. On l'accuſa devant le peuple. Les hiſtoriens diſent que pour le faire condamner, il fallut tenir l'aſſemblée hors du champ de Mars, dans un lieu d'où le capitole ne pût s'appercevoir; tant cet objet faiſoit d'impreſſion en ſa faveur. Manlius fut précipité du capitole même. Le peuple ſe repentit, le regretta, & crut que Jupiter en colere le vengeoit par une peſte qui ſuivit de près ſon ſupplice.

V.

Conſul plébéien. Révolte des Samnites & des Latins.

<small>Le peuple admis au conſulat.</small>

UNE loi nouvelle, propoſée par le tribun Licinius, avoit été admiſe après de vives oppoſitions du ſénat. Elle défendoit de poſſéder plus de cinq cens arpens de terre, elle donnoit aux plébéiens le droit de partager le conſulat avec les nobles. On vit un homme nouveau, le tribun Sextius, revêtu de la dignité conſulaire. Malgré les préventions des nobles, c'étoit un bien pour l'état, que le mérite pût élever les plébéiens aux premiers honneurs. Camille obtint du peuple, comme en échange, la création d'une nouvelle charge réſervée aux ſeuls patriciens, qu'on appela *préture*. Les conſuls, ſouvent occupés à la guerre, ne pouvoient plus rendre la juſtice. Le préteur fut chargé de cette partie eſſentielle du gouvernement. On créa auſſi deux édiles patriciens, ou *curules*, pour avoir ſoin des temples, des théâtres, des jeux, des places publiques, des murs de la ville, &c.

<small>Etabliſſement de la préture.</small>

<small>Magiſtrats curules.</small>

Les magiſtratures curules (ainſi nommées, parce qu'elles donnoient droit de ſe faire porter dans une chaiſe d'ivoire) étoient le conſulat, la cenſure, la dictature, la préture & cette nouvelle édilité. Elles tranſmettoient le titre de nobles aux deſcendans de ceux qui les avoient obtenues. Ainſi il y

Dévouement volontaire de M. Curtius aux Dieux Manes: Il se précipite dans un abîme qui s'étoit ouvert au milieu de Rome.

N.º 31.

CONSUL PLÉBÉIEN, &c. 43

eut quelque différence entre *noble* & *patricien*. La vanité diftingua auffi les nobles patriciens, des nobles plébéiens.

Une pefte qui enleva Camille, troubla entiérement la joie commune. Selon la pente naturelle du genre humain, les efprits confternés fe livrerent à la fuperftition ; mais la fuperftition n'eut rien alors de farouche. On prétend qu'elle fit inftituer les jeux fcéniques, ou les repréfentations théâtrales, comme un moyen de calmer les dieux. Elle fit renouveler la cérémonie du *lectifternium*, pratiquée déjà deux fois. {Pefte.}

Tout cela ne délivrant pas de la pefte, quelques vieillards propoferent, comme le meilleur remede, une ancienne pratique interrompue depuis long-temps : c'étoit d'enfoncer folemnellement un clou dans la muraille du temple de Jupiter-Capitolin. Il falloit, pour cette opération, un dictateur. On choifit Manlius-Impériofus, qui enfonça le clou facré. Les clous fervoient autrefois en Etrurie & à Rome, pour marquer le nombre des années, faute de chiffres. Le conful les enfonçoit, & delà vint fans doute l'idée bizarre d'attacher une fi grande importance à fi peu de chofe.

Manlius, altier & févere, auroit abufé de la dictature, fi les tribuns du peuple ne l'avoient pas obligé de l'abdiquer peu de temps après la cérémonie. Un d'eux l'accufa enfuite de violences envers les citoyens, & même à l'égard d'un de fes fils, qu'il faifoit travailler à la campagne comme un efclave, parce qu'il avoit un défaut de langue. Ce fils, apprenant l'accufation, oublia les mauvais traitemens de fon pere, fe rendit à Rome, courut chez le tribun, lui mit le poignard fur la gorge, & lui arracha un ferment de ne point pourfuivre l'affaire. Le peuple approuva une action où refpiroit la tendreffe filiale, quoique répréhenfible d'ailleurs.

On trouve dans les hiftoriens le combat du jeune Manlius-Torquatus, contre un géant gaulois, dont il enleva le collier d'or, après l'avoir tué à la vue des deux armées ; on y voit un combat pareil de Valérius-Corvus, qu'ils fuppofent avoir été fecondé par un corbeau perché fur fon cafque ; on y voit le miracle d'un gouffre, qui fe ferma lorfque Curtius {Manlius-Torquatus. Valérius-Corvus. *Pl. XXXI.* Dévouement}

F ij

s'y fut précipité, les augures ayant déclaré qu'il se fermeroit quand on y auroit jetté ce qu'il y avoit de plus précieux : ce sont des faits inventés ou embellis par l'orgueil national.

volontaire de Curtius.

Les Campaniens se donnent aux Romains.

Les Samnites attaquoient & étoient sur le point de subjuguer les Campaniens, peuple mou, dont la capitale, la fameuse Capoue, trembloit aux approches de l'ennemi. Les Campaniens implorent le secours de Rome. On leur répond que la république étant liée avec les Samnites par un traité solemnel, ne peut le rompre en faveur d'un autre peuple. Ils levent cette difficulté, en se donnant aux Romains. On les reçoit à bras ouverts. On envoie des ambassadeurs prier les Samnites de ne rien entreprendre sur ce pays, qui est devenu dépendant de Rome. En cas que les prieres fussent mal reçues, les ambassadeurs devoient prendre le ton des menaces. Les Samnites font éclater leur indignation en ravageant la Campanie, & les Romains leur déclarent aussi-tôt la guerre.

Effet des délices de Capoue.

Rome vainquit les Samnites. Mais une triste expérience apprit déjà que l'austérité de mœurs, si nécessaire à la république, n'étoit point à l'épreuve des plaisirs. Les délices de Capoue corrompirent les soldats Romains. Ils firent un complot pour en chasser les Campaniens, & s'emparer de leur pays. Le consul Rutilus ayant prévenu les effets de ce complot, plusieurs mutins marcherent en armes contre Rome. C'étoit un attentat inoui. On nomma dictateur Valérius-Corvus; il engagea les séditieux à se soumettre, sans effusion de sang. Quant aux Samnites, leurs défaites les réduisirent à demander la paix & à renouveler leur alliance.

Latins vaincus.

Cependant les Latins vouloient secouer le joug, ou partager les premieres dignités de Rome. On reprend les armes. Les deux consuls, Manlius-Torquatus & Décius-Mus, se signalent dans cette guerre. Décius, voyant les Romains plier, se dévoua aux dieux infernaux, se jetta au milieu des Latins, & mourut comme une victime qui devoit sauver la patrie. Manlius avoit condamné à mort son propre fils, pour avoir combattu sans son ordre. Il remporta une victoire complete, que l'on peut attribuer à l'enthousiasme

Pl. XXXII. Manlius-Torquatus fait ôter la vie à son fils.

Le consul Manlius Torquatus fait mourir son
fils qui avoit combattu malgré sa déffense.

N.º 32.

dont ces exemples animerent les soldats. Plusieurs années *qui avoit com-*
après, le fils de Décius se dévoua comme son pere dans la *battu malgré sa*
guerre de Pyrrhus, avec le même succès pour l'armée. *défense.*

Les Latins ayant été enfin subjugués, le consul Camille, *Droit de cité,*
petit-fils du célebre dictateur, conseilla de leur accorder le *donné aux La-*
droit de cité pour les attacher à l'état, & augmenter le *tins.*
nombre des citoyens. *L'unique moyen*, dit-il, *d'établir*
solidement une domination, est de faire en sorte que les
peuples soumis obéissent avec joie. Cette sage politique
avoit contribué, plus que tout le reste, à la puissance romaine.

Priverne, ville des Volsques, se révolta quelque temps
après, & succomba bientôt. Il étoit question de savoir comment on traiteroit les prisonniers. Plusieurs Sénateurs les
jugeoient dignes de mort. La noble fierté d'un de ces *Beau trait d'un*
Privernates les sauva tous. On lui demanda quelle peine lui *Privernate.*
paroissoient mériter ses concitoyens ? *Celle que méritent des*
hommes qui se croient dignes de la liberté, répondit-il.
Mais si l'on vous pardonne, ajoute le consul Plautius, de
quelle maniere vous conduirez-vous ? *Notre conduite*, replique
le prisonnier, *dépendra de la vôtre. Si vous nous accordez*
des conditions équitables, nous demeurerons constamment
fideles : si vous nous en imposez de dures & d'injurieuses,
notre fidélité sera courte. Les Romains avoient un fonds de
grandeur d'ame. Ils regarderent comme dignes de leur république ces hommes jaloux de la liberté, & ils en firent des
Romains.

VI.

Guerre des Samnites.

LES Samnites avoient repris les armes. Fabius, général de *Trait de Papi-*
la cavalerie, les défait en l'absence & contre les ordres du *rius & de Fa-*
dictateur Papirius. Celui-ci arrive pour le punir, ordonne *bius.*

aux licteurs de le dépouiller, de préparer les verges & les haches. L'armée s'y oppose. Fabius se refugie à Rome, & son pere appelle au peuple de la sentence du dictateur. Papirius harangue contr'eux; il insiste sur les loix militaires, sur l'autorité inviolable du commandement; il cite les exemples de Brutus & de Manlius. Le peuple n'osant prononcer, implore sa clémence; les Fabius se jettent à ses pieds, & demandent grace. C'étoit le cas où la sévérité des loix pouvoit être tempérée, sans que la discipline en souffrît. Le sage dictateur usa de son pouvoir absolu pour pardonner.

Défaite des Romains aux Fourches caudines.

Tant de victoires dont les Romains se glorifioient, leur rendirent insupportable l'infamie qu'ils subirent aux fourches caudines. On appela ainsi un défilé, près de Caudium, où Pontius, général des Samnites, les attira par une ruse de guerre. Ils s'y trouverent enfermés, comme dans une prison. Le pere de Pontius lui conseilla de les traiter généreusement, ou de les massacrer tous. Ce général prit un mauvais parti, en

Pl. XXXIII. Ils passent sous le joug des Samnites.

les faisant passer sous le joug, cérémonie flétrissante, & les renvoyant sur la parole donnée par les consuls de finir la guerre. On leur laissa donc des forces pour se venger.

Suites de cette affaire.

Une rage muette dévoroit le cœur des soldats; leur ignominie répandoit dans toute la ville plus de colere que de consternation. Le sénat déclare que le traité ne lie pas le peuple Romain, ayant été fait sans son ordre. Le consul Postumius, qui l'avoit conclu, demande à être livré aux Samnites avec les autres officiers, afin de décharger la république de tout engagement. Il est livré en effet. Ce n'est point ici que brille cette bonne foi, qu'on attribue aux Romains. Un fécial ayant livré Postumius, celui-ci frappe à dessein le fécial, & s'écrie : *Je suis maintenant Samnite, & vous êtes ambassadeur de Rome; je viens de violer le droit des gens; Rome peut nous faire la guerre.* Pontius, justement indigné d'un tel artifice, refuse de rendre les prisonniers qui sont entre ses mains. De part & d'autre, on se prépare à la guerre la plus sanglante.

Pontius à Rome.

Dans l'espace de plusieurs années qu'elle dura, les Samnites,

GUERRE DES SAMNITES. 47

continuellement battus, firent des pertes irréparables. Leur général Pontius fut mené en triomphe à Rome, les mains liées derriere le dos. Loin d'honorer fa valeur, on eut la barbarie de lui faire trancher la tête. Vingt-quatre triomphes remportés fur les ennemis, avoient coûté bien du fang. Le fénat reçut enfin des propofitions de paix. Curius-Dentatus, conful moins refpectable par fon rang que par fes vertus, devoit régler les articles.

Curius.

Ce grand homme, volontairement pauvre, prenoit fon repas dans une affiette de bois, lorfque les ambaffadeurs Samnites vinrent le prier de les entendre, & lui offrir une groffe fomme pour le mettre dans leurs intérêts. *Ma pauvreté*, leur dit-il, *vous a fans doute fait efpérer de me corrompre; mais j'aime mieux commander à ceux qui ont de l'or, que d'en avoir.* Si ces paroles montrent de l'orgueil, c'eft l'orgueil d'une ame noble. On conclut un traité d'alliance. La guerre avoit duré quarante-neuf ans. On comptoit alors deux cens foixante & treize mille citoyens en état de porter les armes. Ainfi Rome pouvoit exécuter de fort grandes entreprifes.

La pefte continuoit toujours à Rome, & y faifoit de grands ravages. Le fénat après avoir confulté les livres Sibyllins, avoit réfolu de faire venir à Rome le dieu Efculape. On fit partir dix ambaffadeurs pour amener ce dieu d'Epidaure à Rome. Il y avoit à cinq milles de la ville un temple fort célebre, élevé en l'honneur de ce dieu, rempli de riches préfens. Les ambaffadeurs y furent conduits. Pendant qu'ils admiroient une ftatue de marbre d'une grandeur extraordinaire, un grand ferpent, fortit tout-à-coup du fond du temple, faifit tous les fpectateurs d'étonnement & d'une frayeur religieufe. Les prêtres d'un air & d'un ton refpectueux s'écrièrent que le dieu réfidoit dans ce ferpent, & qu'il fe montroit de tems en tems fous cette forme, mais toujours pour le bien des mortels. Il fe laiffa voir pendant deux jours dans le temple, puis difparut. Le troifieme, paffant à travers une foule de fpectateurs faifis d'admiration & de refpect, il s'avance droit vers le port où étoit la

Efculape fous la figure d'un ferpent, quitte fon temple d'Epidaure.

Pl. XXXIV.
Efculape
amené à Rome
fur une galere.

galere romaine, & y étant entré il s'arrête dans la chambre du plus confidérable des ambaffadeurs, & s'y établit, après avoir fait plufieurs tours, plufieurs plis & replis de fa queue. Les Romains, fort fatisfaits du fuccès de leur voyage, & comptant avoir avec eux le dieu préfent, mettent à la voile, & en peu de jours arrivent heureufement à Antium. Là, comme la mer furieufement agitée par un gros tems qui furvint tout d'un coup, ne permettoit pas de paffer outre, le ferpent, qui pendant tout le voyage s'étoit tenu à la même place tranquille & fans faire aucun mouvement, fe gliffe jufqu'au veftibule d'un temple fort célebre qui étoit dans cette ville. L'endroit étoit planté de myrtes, & de palmiers. Il entortilla l'un de ces arbres des longs replis de fa queue, & s'y tint attaché pendant trois jours. L'alarme fut grande parmi les Romains, dans la crainte qu'on ne pût l'arracher de ce lieu, parce que pendant tout ce tems il avoit refufé de prendre fa nourriture ordinaire. Mais il les tira bientôt d'inquiétude en rentrant dans la galere, & enfin il arriva à Rome. La joie fut univerfelle. On accourt avec empreffement de tous les quartiers de la ville à un fpectacle tout nouveau, & qu'on a peine à concevoir. On érige des autels fur le bord du Tibre par où il paffoit, on brûle des parfums, on immole des victimes. Quand on fut arrivé à l'endroit où le Tibre, fe partageant en deux branches, forme une île, le ferpent quitte le vaiffeau, paffe dans cette île à la nage, & depuis on ne le vit plus. Les fénateurs conclurent que le dieu avoit choifi ce lieu pour y établir fa demeure, & ordonnerent qu'on y bâtît un temple à Efculape : dans le moment, dit-on, la maladie ceffa. Ce temple devint dans la fuite fort célebre.

Le Dieu Esculape, sous la forme d'un serpent, quitte son temple d'Épidaure, et s'embarque sur une galère Romaine.

N.º 34.

VII.

Guerre de Pyrrhus.

Parmi les villes de la grande Grece, qui comprenoit les côtes méridionales de l'Italie, Tarente, colonie de Sparte, se distinguoit par son opulence, son luxe, ses plaisirs & son orgueil. Elle méprisoit les Romains comme des barbares; elle les haïssoit comme conquérans. Les Tarentins ayant insulté quelques galeres de Rome qui se présentoient devant leur port, mirent le comble à cet outrage, en insultant des ambassadeurs de la république, chargés de leur demander satisfaction. Un d'eux salit même de son urine la robe de Postumius, chef de l'ambassade. Le peuple applaudit avec de grands éclats de rire. *Riez maintenant,* s'écria Postumius, *vous pleurerez bientôt. C'est dans votre sang que seront lavées les taches de mon habit.* Les Tarentins craignirent la vengeance: ils demanderent du secours à Pyrrhus, roi d'Epire, un des plus grands guerriers de la Grece, formé à l'école des capitaines d'Alexandre.

An de Rome 471. Guerre de Tarente.

Ce prince ambitieux, réduit à un petit royaume obscur, ne cherchoit qu'à se signaler par des entreprises dont il se promettoit de grands avantages. Le fameux Cynéas, son ministre, disciple de Démosthene, lui représenta en vain qu'il seroit plus heureux en jouissant de sa fortune avec sagesse, qu'en se tourmentant pour des conquêtes incertaines & inutiles. Pyrrhus s'imaginoit déjà être souverain de l'Italie, d'où sa domination s'étendroit rapidement de tous côtés.

Caractere de Pyrrhus.

Bientôt Cynéas arrive à Tarente avec trois mille hommes, & se fait remettre la citadelle, en attendant l'arrivée du roi. Pyrrhus embarque trois mille chevaux, vingt éléphans, vingt mille fantassins pesamment armés, & suit de près son ministre. Mais les Tarentins, en l'appelant, s'étoient donné

Sa conduite envers les Tarentins.

un maître. Tout change par ses ordres. Les théâtres sont fermés, les festins cessent. Ce peuple voluptueux est contraint de subir la discipline militaire, & se voit incorporé dans les troupes épirotes. Plusieurs s'enfuirent. C'étoit un peuple de femmes ; tant les hommes dégénerent au sein du luxe & de l'oisiveté.

<small>Bataille d'Héraclée.</small>

Cependant le consul Lévinus s'avançoit dans le pays. Les deux armées combattirent avec courage à Héraclée. Le prince grec, trop reconnoissable par l'éclat de son armure, fut exposé aux plus grands périls. Ses éléphans lui procurerent la victoire. Les Romains n'en avoient jamais vu : ils furent effrayés de ces monstrueux animaux, qu'ils voyoient chargés de combattans ; les chevaux effarouchés entraînerent les cavaliers, le désordre se mit par-tout, la fuite devint générale. On avoit cependant fait un tel carnage des ennemis, que Pyrrhus dit au sujet de sa victoire : *Je suis perdu si j'en remporte encore une pareille.* Il ne laissa pas de marcher vers Rome, & s'en approcha de sept lieues ; mais il se retira promptement, à l'approche des deux armées consulaires.

<small>Fabricius.</small>

On lui envoie des ambassadeurs, pour traiter du rachat ou de l'échange des prisonniers. Le vertueux Fabricius, pauvre dans les honneurs, étoit de l'ambassade. Les offres d'argent que lui fit le roi, ne servirent qu'à manifester son mépris pour les richesses. Cynéas lui expliquant un jour les principes de la secte épicurienne, qu'il professoit : *O dieux*, s'écria le Romain, *puissent nos ennemis suivre une telle doctrine tant qu'ils nous feront la guerre !* On ajoute que Pyrrhus, l'invitant à se fixer dans sa cour, où il promettoit de le placer au premier rang : *Je ne vous le conseillerois pas*, répondit-il ; *car vos sujets, une fois qu'ils m'auroient bien connu, m'aimeroient mieux pour leur roi que vous.*

<small>Cynéas à Rome.</small>

Pyrrhus desiroit la paix avec un peuple si difficile à vaincre. Il chargea Cynéas de suivre les ambassadeurs de Rome, & de négocier l'accommodement. L'habile ministre admire bientôt les Romains. Aucun, ni hommes, ni femmes, ne voulut accepter les présens qu'il envoya au nom de son maître. Le sénat, après une longue délibération, fit cette réponse mémorable, où l'on reconnoît le caractere ferme de la république : « Que Pyrrhus sorte de l'Italie ; qu'il envoie ensuite demander la paix : mais tant qu'il restera dans le pays, Rome lui fera la guerre ». Cynéas reçut ordre de partir le même jour. En rendant compte au prince de son ambassade, il dit que *Rome lui avoit paru un temple, & le sénat une assemblée de rois.*

Quelque temps après, le médecin de Pyrrhus offrit aux Romains, dit-on, de l'empoisonner pour de l'argent ; (chose difficile à croire, car pouvoit-il espérer à Rome une fortune meilleure que dans une cour ?) Le consul Fabricius en donna généreusement avis au roi, & mérita, selon Eutrope, cet éloge de sa part : *Il seroit plus facile de détourner le soleil de sa route, que Fabricius du sentier de la probité & de la justice.* Je rapporte volontiers ces traits, comme des leçons intéressantes de vertu, de cette vertu mâle qui méprise ce que les ames corrompues adorent. La critique peut soupçonner de la fiction dans quelques-uns ; mais ils s'accordent avec le caractere des plus illustres Romains, dont la grandeur d'ame avoit certainement dequoi effrayer des ennemis voluptueux, accoutumés aux richesses & au luxe.

Pyrrhus abandonna l'Italie six ans après le commencement de la guerre. Il alla enlever la Macédoine à Antigone-Gonatas ; il porta la guerre dans le Péloponnese, & fut tué au siege d'Argos. Les villes de Tarente, Crotone, Locres, toute la grande Grece, toute l'Italie proprement dite, se trouverent bientôt sous la domination romaine, du moins comme peuples alliés, trop foibles pour s'opposer aux desseins de la république.

<small>Etat de l'Italie méridionale après la retraite de Pyrrhus.</small>

VIII.

De Carthage & de la Sicile, avant le commencement des guerres Puniques.

Gouvernement de Carthage. Nous allons voir un plus grand théâtre s'ouvrir aux armes & à la politique romaine. Avant de tracer le tableau des guerres puniques, il faut connoître Carthage, cette fameuse rivale de Rome, si puissante par son commerce & ses richesses, mais déjà parvenue au point fatal où un excès d'ambition ruine les puissances.

Carthage, fondée par les Tyriens environ soixante & dix ans avant la fondation de Rome, avoit un gouvernement républicain. Deux magistrats annuels, qu'on nommoit *suffetes*, y ressembloient aux rois de Sparte ou aux consuls romains. Les affaires importantes se décidoient dans le sénat, si les suffrages étoient unanimes : sinon elles passoient au peuple. Il y avoit un tribunal de cent quatre sénateurs, auquel les généraux rendoient compte de leur conduite : tribunal trop sévere ; car on punissoit même de mort les mauvais succès, comme si le meilleur général commandoit à la fortune.

Ses mœurs. Tout occupés de leur commerce, dédaignant les arts & les sciences qui ne conduisoient pas à la fortune, les Carthaginois étoient fourbes, vicieux, cruels. La superstition surtout rendit leurs mœurs atroces. Ils immoloient à Saturne des victimes humaines, quelquefois leurs propres enfans ; & les meres, étouffant le cri de la nature, voyoient d'un œil sec ces horribles sacrifices. Du temps de Xerxès, Gélon, roi de Syracuse, ayant défait les Carthaginois, leur imposa, pour condition de paix, d'abolir les sacrifices humains, mais une loi si salutaire ne fut pas long-temps observée.

Sa puissance. Carthage s'étoit insensiblement élevée, par ses colonies & par son commerce, au-dessus même de la fameuse Tyr. La

CARTHAGE ET SICILE.

Sardaigne, une grande partie de la Sicile & de l'Espagne lui étoient soumises. Maîtresse de la mer, elle recueilloit par-tout, sans beaucoup de frais, le superflu des différens pays, pour le vendre fort cher ailleurs. Ne trouvant pas de concurrence, elle imposoit facilement cette espece de tribut aux nations.

Hannon, un de ses navigateurs, avoit eu ordre de faire le tour de l'Afrique par le détroit de Gibraltar ; les vivres lui manquerent dans la route, sans quoi il auroit exécuté une des plus grandes entreprises qu'aient pu imaginer les anciens. Mais en étendant son empire, Carthage tendoit à sa ruine, parce que l'esprit de conquête, dangereux à tous les peuples, est incompatible avec le véritable intérêt des peuples marchands.

Elle avoit fait plusieurs traités avec la république romaine ; le premier, sous le consulat de Brutus, par lequel on fixoit certaines bornes à la navigation des Romains, & les Carthaginois s'engageoient à ne faire aucun dommage dans le Latium. Par un second traité, on étoit convenu, entr'autres articles, que les Romains ne pourroient négocier en Sardaigne, ni en Afrique, excepté à Carthage, où il leur étoit libre de vendre les marchandises non prohibées, comme les Carthaginois le feroient à Rome. L'un & l'autre peuple voulut subjuguer la Sicile ; l'ambition alluma bientôt la guere. Avant que d'en faire le récit, disons un mot des révolutions de la Sicile. *Ses traités avec les Romains.*

An de Rome 405.

Denys le tyran devenu maître de Syracuse, onze ans après qu'elle eut mis en fuite les Athéniens (405 avant Jesus-Christ), y avoit établi sa domination par ses talens, ses victoires & ses cruautés. Il fut le vainqueur des Carthaginois, il les chassa presque entiérement de la Sicile. Il se maintint sur le trône trente-huit ans, au milieu d'une foule d'ennemis domestiques. *La Sicile sous Denis le tyran.*

Parmi plusieurs traits qu'on rapporte de sa vie, ceux-ci paroissent remarquables. Il avoit envoyé aux carrieres (c'étoit le nom de la prison,) le philosophe Philoxene, qui avoit osé ne pas admirer des vers dont il se glorifioit. L'ayant rappelé le lendemain, il lut une nouvelle piece ; il lui en demanda son sentiment. Philoxene se tournant vers les gardes : *Qu'on me remene aux carrieres*, dit-il. Le tyran entendit raillerie pour cette fois. Dans le besoin d'argent, il pilla un temple de Jupiter, & enleva un manteau d'or massif dont le dieu étoit orné : *Ce manteau*, dit-il, *est trop lourd en été & trop froid en hiver*. Il en fit mettre un de laine, qui conviendroit à toutes les saisons. Ce malheureux prince ne vouloit pour barbiers que ses filles ; & craignant même entre leurs mains les ciseaux & le rasoir, il leur apprit à lui brûler le poil avec des coquilles de noix.

<small>La Sicile sous Denys le jeune & après son expulsion.</small>

Denys le jeune, son fils, lui succéda sans obstacle. Ce prince mou, voluptueux, se livra d'abord aux séductions de la fortune, & parut ne regner que pour s'enivrer de plaisirs. Mais Dion, son beau-frere, le plus sage des Syracusains, lui ayant persuadé d'attirer le fameux Platon à la cour, l'étude, la philosophie, les mœurs y entrerent avec ce philosophe. Syracuse auroit eu un bon prince, si les courtisans avoient pu goûter la réforme. Ils forgerent des impostures contre Dion, & le firent exiler. Platon le suivit de près. Bientôt les injustices les plus criantes mirent le comble à la disgrace de Dion. Ses biens furent vendus, sa femme donnée à un autre. La Sicile reclama son secours contre le tyran. Il résolut de la venger & de se venger lui-même. Il délivra en effet Syracuse, & la gouverna quelque temps avec sagesse ; mais le peuple ingrat, que blessoit la sévérité de ses mœurs, oublia tout-à-coup ses services : un perfide ami l'assassina, & Denys remonta sur le trône, dix ans après en être tombé. Vaincu de nouveau par le fameux Timoléon, que les Corinthiens envoyerent au secours de Syracuse, il fut relégué à Corinthe, où il finit ses jours dans la misere. Les Spartiates crurent épouvanter Philippe par son exemple, en répondant ces deux mots à une lettre menaçante qu'il venoit de leur écrire : *Denys à Corinthe*.

La Sicile ne jouit pas long-temps de la liberté & de la paix que Timoléon lui avoit rendues. Syracuse, assiégée par les Carthaginois, eut recours à Pyrrhus, qui faisoit la guerre en Italie. Ce prince alla combattre pour elle. Après de grands succès, il fut obligé de revenir sur ses pas. Il s'écria, en quittant la Sicile: *Le beau champ de bataille que nous laissons aux Carthaginois & aux Romains!* Les Syracusains choisirent pour roi Hiéron. C'est alors que commencerent les guerres puniques, auxquelles la politique ambitieuse de Rome donna naissance.

IX.

Premiere guerre Punique.

Les Mamertins, fortis de la Campanie, s'étoient emparés de Messine par un attentat semblable à celui de la garnison romaine de Régio, qu'on avoit punie sévérement. Hiéron les attaqua, Carthage les secourut. Mais craignant les entreprises des Carthaginois autant que celles du roi de Syracuse, ils se mirent sous la protection des Romains. L'honneur ne permettoit point au sénat de se déclarer pour eux. Le peuple, moins délicat sur les bienséances, vouloit une guerre dont il se promettoit beaucoup d'avantages. On prit les armes. Le consul Appius-Claudius passa le détroit avec une petite flotte, battit Hiéron & les Carthaginois qui s'étoient ligués ensemble, laissa garnison à Messine, & revint d'autant plus couvert de gloire, que les Romains jusqu'alors n'avoient point essayé leurs armes hors du continent.

An de Rome 482. Commencement de cette guerre.

Ces succès donnant aux Romains de nouvelles espérances, ils étendent leurs vues; ils sentent la nécessité d'une marine, ils entreprennent de la créer; car ils n'avoient jamais eu de flotte digne de ce nom. Une galere carthaginoise, échouée sur les côtes d'Italie, leur sert de modele. On travaille avec tant d'ardeur, qu'en deux mois on équipe cent galeres à cinq rangs de rames, & vingt à trois rangs. Mais pour avoir la supériorité, il falloit trouver le moyen de combattre de pied ferme sur les flots, & de rendre inutiles aux Carthaginois leur adresse & leur science maritime.

Les Romains creent une marine.

Le conful Duilius fit ajouter à chaque galere une machine appelée *corbeau*, qui tombant fur un vaiffeau ennemi, devoit l'accrocher, & former une efpece de pont pour l'abordage. Cette invention eut tout le fuccès poffible. Il battit les Carthaginois, leur tua fept mille hommes, fit fept mille prifonniers, coula à fond treize galeres, en prit quatre-vingts. Jamais victoire n'avoit été fi agréable aux Romains. Duilius jouit toute fa vie d'un honneur extraordinaire. Quand il revenoit le foir de fouper en ville, il étoit précédé d'un flambeau & d'un joueur d'inftrument.

Pl. XXXV.
Bataille d'Ecnome gagnée fur mer par les Romains.

En peu d'années, les traits héroïques & les victoires fe fuccedent prefque fans interruption. On enleve la Corfe & la Sardaigne aux ennemis.

Régulus.

Régulus, un des confuls victorieux, porte la guerre en Afrique, & à la fin de fon confulat reçoit ordre de la continuer en qualité de proconful. Il fe plaint alors; il demande un fucceffeur, alléguant pour raifon qu'un voleur a enlevé fes inftrumens de labourage, & que s'il ne va pas faire cultiver fon petit champ, il rifque de mourir de faim avec fa famille. Le fénat ordonne que le champ de Régulus fera cultivé, & fa famille entretenue aux frais du public.

S'étant avancé jufqu'aux portes de Carthage, & voulant finir la guerre, Régulus offre à l'ennemi des conditions de paix fi révoltantes, qu'on les rejette malgré la terreur générale. *Il faut favoir vaincre ou fe foumettre au vainqueur*, avoit-il dit. La honte & le défefpoir raniment le courage des vaincus. Des Grecs auxiliaires, à la folde des Carthaginois, arrivent dans une circonftance fi critique. Le lacédémonien Xantippe attaque Régulus, qui, fe croyant invincible, ne prenoit aucune précaution: les Romains font défaits, & leur général eft prifonnier. Xantippe avoit fauvé les Carthaginois: il craignit leur jaloufie, il fe retira fecrétement.

Rome redouble fes efforts, équipe des galeres en grand nombre, & continue avec ardeur une guerre, dont les premiers fuccès ne pouvoient être effacés.

Siege de Lilybée.

On affiégea Lilybée, la plus forte place que les Carthaginois

Bataille navale d'Ecnome, gagnée sur les Carthaginois par les Romains, sous le consulat de L. Manlius Vulso, et de M. Atilius Régulus II.

M. Atilius Regulus II est condamné par le Sénat de Carthage à subir les supplices les plus barbares.
VI siècle de R. Année 504.

N.º 36.

PREMIERE GUERRE PUNIQUE.

ginois euſſent en Sicile. C'eſt alors qu'ils envoyerent des ambaſſadeurs propoſer l'échange des priſonniers. Régulus, qu'ils avoient joint aux ambaſſadeurs, perſuada, ſelon la plupart des hiſtoriens, de ne point faire cet échange, & retourna ſubir chez les Carthaginois le ſupplice le plus affreux. Ils le tenoient long-tems reſſerré dans un noir cachot, d'où, après lui avoir coupé les paupieres, ils le faiſoient ſortir tout-à-coup pour l'expoſer au ſoleil le plus vif & le plus ardent. Ils l'enfermerent enſuite dans une eſpece de coffre tout hériſſé de pointes, qui ne lui laiſſoient aucun moment de repos ni jour, ni nuit. Enfin, après l'avoir ainſi tourmenté par d'exceſſives douleurs & une cruelle inſomnie, ils l'attacherent à une croix, & l'y firent périr. Les Romains, pour venger ſa mort, livrerent les principaux priſonniers à la fureur de ſa femme & de ſes enfans, qui ne ſe montrerent pas moins barbares que les Carthaginois.

Pl. XXXVI. Régulus condamné aux plus affreux ſupplices.

Pendant neuf ans que dura le ſiege de Lilybée, les deux peuples déployerent toutes leurs reſſources. Claudius-Pulcher attaqua la flotte des Carthaginois au port de Drépane, & perdit celle de Rome qui fut détruite par Adherbal. On raconte qu'avant la bataille, apprenant que les poulets ſacrés ne mangeoient point, il les fit jetter dans la mer, & dit d'un ton moqueur: *S'ils ne veulent pas manger, qu'ils boivent.* C'en étoit aſſez pour que la ſuperſtition abattît le courage des Romains. D'autres malheurs anéantirent la marine. Enfin le zele des citoyens ſuppléa au vuide du tréſor. Chacun, ſelon ſes facultés, contribua pour un nouvel armement. Deux cens galeres à cinq rangs de rames furent bientôt prêtes. Le conſul Lutatius détruiſit la flotte d'Hannon, battit enſuite Amilcar-Barcas, pere du grand Annibal, força les Carthaginois à demander la paix & leur en dicta impérieuſement les conditions.

La Sicile, excepté le royaume de Syracuſe, fut déclarée *province* des Romains. On donna ce nom aux pays conquis hors de l'Italie : on y envoyoit chaque année un préteur & un queſteur ; le premier, pour juger les cauſes civiles, le ſecond, pour percevoir les tributs.

An de Rome 511.

Issue de cette guerre.

Causes des victoires des Romains sur les Carthaginois.

Ainsi, après vingt-quatre ans de guerre non interrompue, les Romains, qui avoient perdu sept cens galeres, firent la loi à cette opulente Carthage, dont les pertes étoient moins considérables, & les ressources infiniment plus étendues. Une fermeté inflexible dans les résolutions, une passion invincible pour la gloire & pour les conquêtes, l'habitude continuelle des combats & l'exacte sévérité de la discipline, fixerent la fortune du côté de Rome. Un peuple uniquement guerrier devoit l'emporter sur un peuple qui ne faisoit la guerre que pour le commerce.

D'ailleurs, les Carthaginois, en crucifiant leurs généraux quand ils avoient été vaincus, inspiroient plus de terreur que d'émulation : les Romains n'inspiroient que du courage, en punissant la désobéissance & la lâcheté, en dégradant quiconque avoit manqué à son devoir, en dédaignant de racheter les prisonniers, sans faire un crime des événemens malheureux dont personne n'est exempt. Quatre cens jeunes chevaliers, commandés pour des travaux pressans & indispensables, avoient refusé d'obéir ; ils furent privés de leurs chevaux par le jugement des censeurs. Mais ce n'étoient pas des sujets perdus pour la république ; ils pouvoient effacer leur honte ; ils pouvoient se relever ; une punition salutaire ne servoit qu'à ranimer le sentiment du devoir. En un mot, Rome avec beaucoup d'ambition avoit d'excellens soldats, & ses généraux étoient d'autant plus ardens à bien faire, qu'ils avoient moins de tems pour commander. C'est par-là sur-tout qu'elle vainquit les nations.

X.

Seconde guerre punique.

An de Rome 534.

ON étoit convenu que les Carthaginois ne passeroient pas l'Ebre, & que Sagonte, ville considérable, alliée des Romains demeureroit libre & indépendante.

SECONDE GUERRE PUNIQUE.

Asdrubal, naturellement pacifique, observa le traité. Il mourut. Annibal fut son successeur. Agé d'environ vingt-six ans, il joignoit déjà la prudence à l'héroïsme. Les soldats l'adoroient, parce qu'il étoit en même-tems leur modele & leur bienfaiteur. Sobre, vigilant, infatigable, endurci à tous les travaux, ne donnant au sommeil que le temps qu'il pouvoit respirer après les affaires, dormant quelquefois sur la dure au milieu des sentinelles, il récompensoit libéralement dans les autres les actions & les vertus militaires, dont il sembloit faire lui-même ses délices; &, pour le malheur des Romains, il possédoit les talens d'une politique artificieuse, au même dégré que ceux d'un général accompli. Il assiege Sagonte. *Annibal rallume cette guerre.*

Sagonte attaquée, implore le secours des Romains. Ceux-ci envoient à Carthage des ambassadeurs, dont les remontrances ne produisent aucun effet. Après sept mois de siege, les Sagontins, réduits aux dernieres extrémités, brûlent ce qu'ils ont de plus précieux, mettent le feu aux maisons, & y périssent la plupart avec leurs femmes & leurs enfans. Tout le reste est passé au fil de l'épée. *Prise de Sagonte.*

Rome se prépara aussi-tôt à la guerre, & envoya une nouvelle ambassade demander raison d'une entreprise contraire aux traités & au droit des gens. Loin de livrer Annibal, comme l'exigeoient les Romains, on prétendit justifier par leur propre exemple, le siege de Sagonte. Fabius, chef de l'ambassade, sans entrer dans ces discussions superflues, faisant un pli à sa robe: *Je porte ici la paix ou la guerre*, dit-il fiérement; *choisissez*. Le chef du sénat, d'un ton aussi fier, lui déclara qu'il pouvoit choisir lui-même. *Prenez donc la guerre*, repliqua Fabius. On l'accepta volontiers. *Conduite des Romains après la prise de cette ville.*

Annibal, ayant en main le commandement des armées, & le pouvoir de faire ce qu'il jugeroit à propos, sans être resserré comme les consuls par les limites du temps, se préparoit à porter la guerre en Italie. Jamais entreprise audacieuse ne fut concertée, ni avec plus de courage, ni avec plus de prudence. *Marche d'Annibal jusqu'en Italie.*

Le passage de l'Ebre & des Pyrénées, par où il débuta

H ij

glorieusement, n'est rien en comparaison de celui du Rhône & des Alpes. La rapidité de ce fleuve, les Gaulois qui en défendoient l'autre rivage, rien n'arrête Annibal. Il sauva même ses éléphans. Arrivé au pied des Alpes, dans le mois d'octobre, ils les trouve couvertes de glace & de neige, gardées par des montagnards féroces, qui peuvent accabler ses troupes à coups de pierres. Il les franchit en quinze jours, avec des peines infinies, & arrive enfin dans le beau pays qu'il proposoit à ses soldats, comme la récompense de leurs travaux. Depuis cinq mois & demi il étoit parti de Carthage, à la tête de cinquante mille hommes d'infanterie & de vingt mille chevaux, dont il ne lui restoit que vingt mille fantassins & deux mille cavaliers. Cette marche, d'environ quatre cens lieues, à travers des obstacles sans nombre, doit être célébrée parmi les exploits des plus fameux conquérans. La relation que Polybe nous en a laissée, est admirable, quoiqu'on n'y trouve point le merveilleux, ni la pompe de Tite-Live. Le vinaigre avec lequel celui-ci fait dissoudre les rochers des Alpes, ressemble trop aux chimeres d'Hérodote. Où auroit-on pris tant de vinaigre ?

Succès d'Annibal en Italie. Dès qu'Annibal eut donné quelque repos à ses troupes, il voulut se signaler par des expéditions décisives *. La prise de Turin en fut le prélude. P. Scipion, l'un des consuls, qui devoit commander en Espagne, étoit venu promptement au secours de l'Italie. Il rencontre les Carthaginois au delà du Tésin: il combat & reçoit une blessure; sa cavalerie, le croyant mort, prend la fuite; il repasse le Pô, suivi de près par Annibal.

Le consul Sempronius, se flattant de vaincre sans son collegue, qui étoit encore malade de sa blessure, s'obstine à livrer bataille, & fait de grandes fautes; les deux armées consulaires sont défaites au bord de la Trébie.

Le vainqueur tente ensuite le passage de l'Apennin, presque aussi dangereux que celui des Alpes. Au sortir des montagnes,

---

(*) *La Carte de l'expédition d'Annibal en Italie, se trouve dans l'Atlas de l'Histoire Romaine.*

SECONDE GUERRE PUNIQUE. 61

Annibal attaque encore le conful Sempronius. Après un rude combat, fans victoire décidée, il fe hâte de pénétrer dans l'Etrurie par le chemin le plus court. Des marais fe préfentent devant lui : nouveau danger, infurmontable à tout autre. Pendant quatre jours & quatre nuits, fes troupes ont le pied dans l'eau. Monté fur le feul éléphant qui lui refte, il fe tire à peine de la fange ; il perd un œil par une fluxion que lui caufe le mauvais air & la fatigue.

Un nouveau conful, indigne de commander, le téméraire Flaminius, va mettre le comble à la gloire d'Annibal. Il s'engage dans un défilé près du lac de Trafimene. Les ennemis l'inveftiffent, le tuent, taillent fon armée en pieces. Six mille Romains feulement échappent à la boucherie ; on les force le lendemain à fe rendre. Quatre mille hommes qui venoient fe joindre à Flaminius, font encore défaits. *An de Rome 536.*

Tout étoit perdu, fi le fénat, contre les regles, n'eût lui-même nommé un dictateur capable de rétablir les affaires. Ce fut le prudent Fabius. Le peuple nomma, de fon côté, Minucius, général de la cavalerie. Fabius commença par des actes de religion, d'autant plus néceffaires, que des terreurs fuperftitieufes frappoient les efprits. S'étant mis à la tête des troupes, il réfolut de laiffer l'ennemi fe confumer faute de vivres. Il campe fur des hauteurs, évite le combat, harcele Annibal, & le déconcerte par ce nouveau genre de guerre. En vain le reproche de lâcheté flétriffoit le dictateur ; il eût la conftance de braver le mépris, le ridicule, de facrifier fa gloire même à la patrie, & de compter pour rien l'opinion au prix du devoir. On pouffe l'injuftice jufqu'à partager l'autorité du commandement entre lui & fon général de cavalerie : il donne la moitié des troupes à ce téméraire. Bientôt il le voit enveloppé de toutes parts, & fur le point d'être entiérement défait. Fabius alors fond fur l'ennemi, le diffipe. Il falloit n'être pas Romain, pour réfifter à tant de vertu. Minucius rougit de fes excès, & dépofa fon autorité entre les mains du dictateur. Cette campagne eft une des plus belles leçons que l'Hiftoire puiffe donner, foit aux généraux, foit aux citoyens. *Fabius dictateur.*

X I.

Bataille de Cannes.

An de Rome 537. Bataille de Cannes.

L'Expérience avoit appris combien le choix du général influoit dans le succès de la guerre; mais le peuple ne profite guere de l'expérience. Térentius-Varron, fils de boucher, qui s'étoit élevé en flattant les goûts populaires, fut nommé consul en dépit de la noblesse. Emilius, son collegue, trouva en lui un adversaire plus à craindre que les Carthaginois. Huit légions, chacune de cinq mille hommes de pied & de trois cens chevaux, jointes aux troupes des alliés, formoient sous les deux consuls une armée très-formidable.

P. XXXVII. Victoire d'Annibal, à cette journée.

Ces deux généraux commandoient alternativement d'un jour à l'autre. Leur mésintelligence annonçoit un malheur certain. Varron profita de son jour de commandement pour se précipiter dans le péril. Les Romains furent enveloppés & taillés en pieces. Après trois heures de combat, le carnage fut si affreux, que le général carthaginois crioit d'épargner les vaincus. Emilius perdit la vie, avec environ quarante mille hommes, dont près de trois mille étoient chevaliers. On emplit plusieurs urnes de leurs anneaux. Ce fut après cette victoire que Madherbal, en montrant Rome à Annibal & lui conseillant d'y aller sur le champ, Annibal ne voulant pas le faire, il lui dit: *Vous savez vaincre, Annibal, mais vous ne savez pas profiter de la victoire.* Varron s'enfuit à Vénouse, suivi d'un petit nombre de chevaux.

Conduite des Romains après la bataille de Cannes.

C'est au milieu de la consternation inexprimable causée par ce désastre, que la magnanimité romaine se montre dans toute sa force. Les conseils de Fabius sont enfin écoutés. Varron avoit rassemblé dix mille hommes des débris de l'armée. Il revient à Rome; le sénat marche en corps à sa rencontre, & le remercie solemnellement *de n'avoir pas désespéré de la république.*

Gabriel de St Aubin del. 1764.   P. Chenu Sculp.

N° 37.

BATAILLE DE CANNES.

En même-temps les sénateurs portent leur argent au trésor. Les chevaliers, toutes les tribus, suivent leur exemple. On enrôle la jeunesse depuis l'âge de dix-sept ans; on arme huit mille esclaves (*); on refuse de payer la rançon des prisonniers, soit pour ménager les finances, soit pour animer les troupes au devoir, soit pour rabattre les espérances de l'ennemi. On leve dans la ville quatre légions, & les alliés fournissent les troupes qu'on leur demande. Ceux qui reprochent à Annibal de ne pas avoir su profiter de la victoire en assiégeant Rome, ne réfléchissent guere sur les obstacles qu'il auroit trouvés dans le caractere seul des Romains.

Hannon, un des principaux Carthaginois, raisonnoit peut-être mieux à Carthage. Annibal ayant envoyé son frere Magon annoncer la victoire de Cannes, & demander du secours, Hannon soutint que, puisque les Romains ne donnoient aucun signe de désespoir, & ne faisoient aucune avance pour la paix, ils n'étoient pas réduits, comme on le disoit, aux dernieres extrémités; que la circonstance pouvoit procurer une paix avantageuse, mais qu'une seule défaite pouvoit ruiner tous les projets d'Annibal. Il conclut à n'envoyer aucun secours en Italie. « Annibal n'en a pas besoin, dit ce séna- » teur, s'il a remporté des victoires décisives; & il n'en mérite » point, s'il nous trompe par de faux rapports ». On se moqua de cet avis; mais l'événement le justifia.

Avis d'Hannon à Carthage.

Capoue ayant trahi Rome & reçu Annibal dans ses murs, les délices de cette ville devinrent pour lui un funeste écueil. Il y passa l'hiver au sein des plaisirs. L'exemple du chef est contagieux. Ses soldats s'amollirent; au lieu du repos militaire, dont ils avoient sans doute besoin, ils goûterent un lâche repos, qui leur énerva le corps & l'ame. On les vit emmener de Capoue des femmes débauchées, eux qu'on avoit vus endurcis à tous les travaux de la guerre. Delà vinrent les fréquen-

Annibal à Capoue.

(*) Avant que de les enrôler, on leur demanda s'ils vouloient prendre les armes. Ils répondirent, *volo* (*je le veux*) De-là le nom de *Volones* qu'on leur donna. Cette question ne se faisoit pas aux citoyens, parce qu'ils étoient obligés de servir.

tes défertions. Ils ne refpiroient plus que pour les douceurs de la Campanie.

Quelque redoutable que fût toujours Annibal, les Romains reprirent bientôt le deffus. Sempronius, avec une troupe d'efclaves, défit une armée carthaginoife. Annibal lui-même fe retira devant le conful Marcellus, qui s'immortalifa enfuite par le fiege de Syracufe, l'un des grands événemens de cette guerre.

Prife de Syracufe. Les Syracufains avoient pris parti contre Rome. Marcellus, arrivé depuis peu en Sicile, forma le deffein de les fubjuguer. Syracufe avoit autrefois vaincu les Athéniens. L'illuftre Archimede, parent des derniers rois, le plus grand geometre de fon fiecle, en rendoit la conquête plus difficile qu'elle ne l'étoit du temps d'Alcibiade. L'effet prodigieux de fes machines, qui accabloient les Romains, & qui fubmergeoient leurs galeres, obligea Marcellus de changer le fiege en blocus. Déjà même il penfoit à fe retirer, quand on lui fit voir que les échelles pouvoient atteindre à la hauteur d'une muraille. Il tenta de nuit l'efcalade, & s'empara enfin de la ville. Il honora la mémoire d'Archimede, qu'un foldat avoit tué fans le connoître. Le génie d'un feul homme foutenoit fa patrie depuis trois ans. Syracufe devint, avec le refte de la Sicile, une province de Rome.

De Capoue & de Tarente. En Italie, en Efpagne, les Romains fe fignalent également. Ils affiegent & preffent Capoue. Annibal, défefpérant de la fecourir, entreprend le fiege de Rome pour faire diverfion. Il échoue dans ce projet. Capoue eft réduite à l'extrémité. Les principaux auteurs de la révolte fe donnent la mort, les citoyens fe foumettent. On les difperfe de côté & d'autre, & on établit à leur place une colonie, où chaque année un préfet devoit aller rendre la juftice. Peu après, Fabius enleva Tarente aux Carthaginois, qui s'en étoient emparés. Il y trouva quantité de ftatues & des tableaux, pour lefquels il ne témoigna que du mépris. *Laiffons aux Tarentins leurs dieux irrités*, dit-il, quand on lui demanda quel ufage il vouloit en faire. Marcellus, homme de goût, avoit, au contraire,

H. Gravelot del.   P.N. Gaucher Sculp.

N.º 38.

traire, orné les temples de Rome des chef-d'œuvres de Syracufe. Ce grand capitaine, vainqueur d'Annibal, donna malheureufement dans une embufcade, où il fut tué. Le héros carthaginois lui rendit les derniers devoirs. On appeloit Marcellus l'*épée de Rome*, furnom digne de fes fervices.

XII.

Fin de la feconde guerre Punique.

Publius-Scipion & fon frere Cnéus avoient eu les plus grands fuccès en Efpagne : ils avoient repris Sagonte. Mais s'étant féparés, ils furent accablés l'un & l'autre par des forces fupérieures, & perdirent la vie l'an de Rome 541. La perte des deux généraux paroiffoit irréparable, lorfque Publius-Scipion, fils de l'aîné, s'offrit à continuer la guerre, n'ayant encore que vingt-quatre ans. On le nomma proconful. Ses fuccès tiennent du prodige; & il les dut en partie à l'art de tourner au bien public la fuperftition vulgaire. S'il n'avoit pas feint que Neptune lui étoit apparu, pour lui confeiller le fiege de Carthagene; s'il n'avoit pas annoncé comme un prodige le reflux de la mer, qui devoit rendre le port guéable, les Romains auroient tremblé à la feule propofition de l'entreprife. Carthagene fut emportée d'affaut en un jour. On y trouva dix-huit galeres, cent trente vaiffeaux marchands chargés de provifions, les magafins & les arfenaux remplis, & des richeffes immenfes. C'étoit un coup mortel porté à la puiffance de Carthage.

An de Rome 543. Publius-Scipion en Efpagne.

Le proconful augmenta fa gloire par le plus bel exemple de vertu. Une jeune captive lui eft amenée, & charme fes yeux. Il l'interroge; il apprend qu'elle eft fiancée à un prince du pays; il la rend à fon époux. Celui-ci le vante comme un dieu, & lui attire des alliés. En peu de temps les Carthaginois perdent l'Efpagne, les Romains y dominent. L'activité,

P. XXXVIII. Ses vertus.

la valeur, la prudence & la réputation du jeune général, secondé par son ami Lélius, le rendoient par-tout également terrible & respectable. Masinissa, roi Numide, résolut dès-lors de renoncer à l'alliance de Carthage pour s'unir à lui, & devint un ami zélé de Rome.

Toute l'Espagne étant soumise, le sénat y envoie des successeurs à Scipion. Ce grand homme dépose l'autorité entre leurs mains sans murmure. Il revient. Les centuries, d'une voix unanime, lui décernent le consulat avant l'âge requis. Un mérite si supérieur étoit excepté par l'esprit même de la loi.

Asdrubal, frere d'Annibal, avoit passé les Alpes en 546 avec une grande armée. Les consuls avoient remporté sur lui une victoire complete; les ennemis avoient perdu cinquante mille hommes & leur général dans cette journée, dont le succès avoit dissipé les craintes de la république de Rome.

Scipion porte la guerre en Afrique.

Alors Scipion conçut le dessein de porter la guerre en Afrique. Il le proposa. Le vieux Fabius, soit par jalousie, soit par circonspection, combattit ce projet de toutes ses forces. Il le représentoit comme propre à entraîner la perte de l'Italie qu'Annibal menaçoit toujours. Le sénat, plus touché des raisonnemens du consul, donna la Sicile pour département à Scipion, & lui permit de passer en Afrique, s'il le jugeoit avantageux. L'année se consuma en préparatifs.

Attaque Carthage.

A peine a-t-il gagné le continent, & remporté un avantage sur les Carthaginois, que Masinissa se déclare pour les Romains. Syphax, autre roi de Numidie, rival de Masinissa, se déclare contr'eux, quoique attaché auparavant à Scipion. Celui-ci défait dans plusieurs batailles sanglantes, & Syphax, & le général carthaginois Asdrubal.

Carthage tremble; on rappelle Annibal, qui avoit essuyé de grandes pertes en Italie. Il quitta ce beau pays, avec le regret d'un conquérant auquel on arrache sa proie. Une joie universelle suivit son départ. Fabius seul y fut insensible. La vieillesse avoit probablement affoibli son ame ou altéré son humeur; il se montroit extrêmement prévenu contre le grand

FIN DE LA SECONDE GUERRE PUNIQUE. 67

Scipion. Si c'étoit jalousie comme on le lui a reproché, quelle est donc la vertu qui ne doive craindre de se dégrader par le vice ?

Les Carthaginois ayant rompu une trève de la maniere la plus indigne, Scipion mettoit tout à feu & à sang aux environs de Carthage. Annibal reçoit ordre de l'attaquer. Il envoie d'abord des espions pour reconnoître l'ennemi. On les arrête, on les conduit au général romain, qui après leur avoir fait tout examiner, les congédie & leur donne même de l'argent. A cette nouvelle, Annibal, saisi d'étonnement, desire la paix. Il demande une entrevue à Scipion. Il s'efforce de lui inspirer des sentimens pacifiques, & lui offre la cession de l'Espagne & de toutes les îles situées vers l'Italie. Le Romain rejette ses offres avec fierté. On va se préparer au combat de part & d'autre. *Annibal demande la paix.*

La bataille de Zama devoit décider le sort de deux nations. Les auxiliaires de Carthage furent bientôt mis en fuite. Une multitude d'éléphans blessés, effrayés, contribuerent à leur déroute. Mais Scipion désespéroit d'enfoncer la phalange carthaginoise, qu'Annibal avoit formée de ses vétérans ; lorsque Lélius & Masinissa, revenant de poursuivre les fuyards, la prirent en queue, & fixerent la victoire. Les ennemis perdirent quarante mille hommes tués ou prisonniers, & les Romains seulement deux mille. Annibal eut peine à se sauver. *An de Rome 551. Bataille de Zama.*

Ce que Rome avoit éprouvé de terreur après la bataille de Cannes, celle de Zama, le fit éprouver à Carthage. Annibal lui-même déclara qu'il ne restoit d'autre ressource que la paix, & le persuada sans peine. Scipion souhaitoit de la conclure, de peur qu'un consul ne lui enlevât l'honneur d'avoir terminé la guerre. Il imposa les conditions suivantes : « Les Carthaginois garderont leurs loix & ce qu'ils possédoient en Afrique avant la guerre ; mais Rome gardera l'Espagne & les îles de la Méditerranée. Ils livreront les prisonniers & les transfuges, ainsi que leurs éléphans, & tous leurs vaisseaux de guerre, excepté dix galeres à trois rangs de rames. Ils ne pourront *Conditions de la paix.*

I ij

» faire la guerre, ni en Afrique, ni ailleurs, sans le consen-
» tement du peuple romain. Ils payeront dix mille talens dans
» l'espace de cinquante années. Ils rendront à Masinissa tout ce
» qu'ils ont enlevé à lui ou à ses ancêtres. Ils donneront cent
» otages, au choix de Scipion, pour assurance de leur
» fidélité ».

On ratifia ce traité à Rome, quoique plusieurs sénateurs voulussent la continuation de la guerre. Un d'eux demandant au chef de l'ambassade carthaginoise : *Quels dieux prendrez-vous à témoin de la sincérité de vos sermens ?* il répondit : *Les mêmes qui ont si sévérement puni nos parjures.* Réponse humiliante, que n'auroit pas faite un Romain. La différence de caractere des deux peuples, n'est pas la moindre cause de la différence de succès.

XIII.

Guerre contre Philippe, roi de Macédoine, & contre Antiochus, roi de Syrie.

Suite de l'a-baissement de Carthage.

CINQ cens vaisseaux carthaginois livrés à Scipion, & brûlés à la vue de Carthage ; cette puissance maritime réduite à dix petites galeres ; tous les citoyens taxés pour payer un tribut honteux ; le fier Annibal forcé de souscrire à l'abaisse-ment de sa patrie ; le souvenir des anciennes défaites effacé par tant de victoires : tel fut le fruit de la seconde guerre punique.

Tout devoit enorgueillir Rome : elle reçut avec enthou-siasme l'illustre Scipion, qui rapporta au trésor cent vingt mille livres pesant d'argent. Son triomphe fut magnifique. le surnom d'Africain étoit pour lui la récompense la plus glorieuse. Dès-lors le génie ambitieux des Romains se développa librement. Mille obstacles l'avoient contenu en Italie. C'est un torrent qui va tout inonder, après avoir rompu ses digues. Les victoires

GUERRE CONTRE PHILIPPE. 69

passées inspiroient le desir de vaincre encore ; la passion des conquêtes étoit enflammée par les conquêtes mêmes ; les richesses acquises par la guerre, offroient les moyens de réussir dans de nouvelles guerres. En de pareilles circonstances, à peine un peuple modéré eût-il pu suspendre le cours de ses entreprises ; & quel peuple fut moins modéré que les Romains, lorsqu'il s'agissoit d'agrandissement ?

Il y avoit peu d'années que Philippe II, roi de Macédoine, avoit conclu une paix générale, dans laquelle Rome avoit fait comprendre ses alliés. Ce prince remuant avoit secouru depuis les Carthaginois ; il inquiétoit les Grecs par de nouvelles entreprises. Attale, roi de Pergame, les Rhodiens, les Athéniens, envoyerent des ambassadeurs à la république pour se plaindre de ses vexations. On lui déclara aussi-tôt la guerre. Le succès n'en fut pas long-temps douteux. Dès la premiere campagne, le consul Sulpicius battit Philippe. Quintius-Flaminius, proconsul, remporta sur lui une victoire décisive, près des Cynocéphales en Thessalie, où l'on vit les inconvéniens de la lourde phalange macédonienne, dans un terrain coupé & inégal. La paix suivit cette victoire. Il en coûta au roi un tribut de mille talens, outre ses vaisseaux, qu'on l'obligea de livrer. Son fils Démétrius servit d'otage. Ce jeune prince devint ami des Romains dont il se fit estimer.

Guerre contre Philippe.

An de Rome 552.

Annibal, persécuté par l'ambition inquiete de Rome, s'étoit réfugié à la cour d'Antiochus le grand, roi de Syrie. Il eut peut-être vengé Carthage, si Antiochus avoit eu pour lui la confiance dont il étoit digne. Il conseilloit à ce monarque d'engager dans son parti le roi de Macédoine, & de porter la guerre en Italie. On ne fit, ni l'un, ni l'autre. L'imprudence dirigea tout, & perdit tout.

Occasion de la guerre contre Antiochus.

Scipion l'Africain avoit demandé à servir sous son frere Lucius-Scipion, créé consul. Antiochus trembloit. Loin de défendre courageusement les côtes de l'Hellespont, il en retira ses troupes. l'Asie est enfin ouverte aux Romains. Résolus d'y établir leur empire, ils rejettent des propositions d'accommodement. Le monarque se détermina malgré lui à une bataille.

An de Rome 562.

Événement de cette guerre.

Avec quatre-vingt mille hommes & cinquante-quatre éléphans, contre trente mille hommes, il est entiérement vaincu près de Magnéfie par le conful. Il fuit jufqu'à Antioche, & envoie demander la paix.

Conditions de la paix.

Scipion l'Africain, déclarant aux ambaffadeurs la réfolution du confeil, leur dit : « Que les Romains ne fe laiffoient, ni » abattre par l'adverfité ni enfler par la fortune; qu'ils fe » contentoient, après la victoire, de ce qu'ils avoient de- » mandé auparavant; qu'Antiochus eût à évacuer toute l'Afie » en deçà du mont Taurus; qu'il payât tous les frais de la » guerre, évalués à quinze mille talens ; qu'il donnât vingt » otages », &c. Et de plus, il devoit livrer Annibal, afin de diffiper tout fujet de défiance. Ces conditions furent acceptées. Annibal erra d'afyle en afyle, toujours en bute à l'acharnement des Romains. Il mourut chez Prufias, roi de Bithynie.

XIV.

Caton le Cenfeur. Guerre de Perfée.

Les Romains corrompus en Afie.

CETTE guerre, qui valut à Lucius-Scipion le furnom d'Afiatique, fut cependant funefte aux Romains, dont les mœurs fimples & aufteres fe corrompirent bientôt, par tous les vices qu'entraînent les richeffes. En goûtant les délices de l'Afie, ils fe dégoûterent de la vertu. Tous les peuples fe reffemblent à cet égard. Si quelqu'un avoit pu arrêter les progrès du mal, c'eut été le fameux Caton, perfonnage confulaire, zélé partifan des travaux rustiques & de la frugalité, ennemi de toute efpece de luxe, mais dont le caractere dur & l'efprit ardent ne connoiffoient point les juftes bornes.

Scipion l'Africain accufé par Caton.

Rien ne peut fervir d'excufe à fa haine contre les Scipions, ni à la maniere dont il l'exerça. L'Africain effuya les premiers coups. Deux tribuns, fufcités par Caton, l'accufent devant

CATON LE CENSEUR. 71

le peuple de s'être laiffé corrompre par l'argent d'Antiochus. Le jour du jugement, l'illuftre accufé comparoît, déchire fes comptes, & dédaignant de fe juftifier : *A tel jour qu'aujourd'hui*, dit-il, *j'ai vaincu Annibal & Carthage ; fuivez-moi au capitole, Romains ; allons-y remercier les dieux.* Toute l'affemblée le fuit, & laiffe les accufateurs confondus. Ce grand homme, cité de nouveau, fe retira dans une maifon de campagne, où il mourut à l'âge de quarante-fept ans. Il poffédoit un mérite prefque inconnu dans fa patrie, celui de réunir aux qualités des héros le goût de l'urbanité & des lettres. On doit le regarder comme le principal modele qui perfectionna les Romains.

Après fa mort, Caton pourfuivit avec la même animofité fon frere l'Afiatique, & lui fufcita les mêmes accufateurs. Le vainqueur d'Antiochus fut condamné à une groffe amende, comme ayant reçu d'Antiochus des fommes immenfes, pour lui procurer une paix avantageufe. On faifit tous fes biens ; on n'y trouva aucun veftige de corruption : ils ne fuffifoient pas même pour payer l'amende. L'innocence de l'accufé fut reconnue dans la fuite, & l'on répara cette injufte condamnation. *Sort de Scipion l'Afiatique.*

Un nouvel orage fe forma fur la Macédoine. Philippe étoit mort depuis quelques années, haïffant toujours les Romains, fans pouvoir effacer la honte de fes défaites. Il avoit fait mourir fon fils Démétrius, autrefois envoyé à Rome en otage, fauffement accufé par Perfée, fon autre fils, qui craignoit que la protection de la république romaine & le mérite perfonnel de Démétrius, ne procuraffent la couronne à ce jeune prince. *Caufe de la feconde guerre de Macédoine.*

Perfée ayant fuccédé à Philippe, fon pere, fe livra imprudemment à fa haine contre les Romains. Il faifoit des préparatifs ; il remuoit dans la Grece. Eumene en avertit Rome, & la guerre fut réfolue. A cette nouvelle, Perfée envoya des ambaffadeurs pour offrir toutes les fatisfactions que l'on exigeroit. Le fénat répondit qu'un conful alloit fe rendre en Macédoine, & que le roi pourroit traiter avec lui fur les lieux, s'il avoit de bonnes intentions. On ne vouloit traiter *Evénement de cette guerre.*

que les armes à la main. Le conful Licinius arrive bientôt. Le roi, ayant gagné une bataille, demande enfuite la paix aux mêmes conditions que fon pere avoit reçues. Licinius, quoique vaincu, déclare fierement que Perfée n'obtiendra la paix, qu'en fe remettant, avec fon royaume, à la difcrétion des Romains. Une conftance opiniâtre & inflexible triomphoit de tout à la longue.

An de Rome 585. Paul-Émile.

La quatrieme année de la guerre, Perfée fut défait par Paul-Émile. La phalange macédonienne fut enfoncée. Le roi prit la fuite. Abandonné de fes fujets il fe livra lui-même au vainqueur. On le vit à Rome, marcher en habit de deuil devant le char de triomphe; il mourut en captivité. Le royaume de Macédoine augmenta le nombre des provinces, quoique les Macédoniens fuffent déclarés libres. On doit attribuer cette conquête à la prudence, ainfi qu'à la valeur de Paul-Emile. Scipion-Nafica lui confeillant de livrer bataille plutôt qu'il ne convenoit, & lui repréfentant que l'on imputoit fes délais à lâcheté: *Je parlois comme vous à votre âge*, répondit-il: *au mien, vous agirez comme moi*. Il vécut dans la médiocrité, après avoir enrichi l'état; & Cicéron ne pouvoit mieux le louer qu'en difant: *il ne porta dans fa maifon qu'une gloire immortelle*.

Hauteur des Romains envers les rois.

Tout plioit fous les Romains, qui traitoient les nations & les rois avec une hauteur defpotique. Mais rien ne décele mieux le caractere de ces conquérans, que leur conduite envers la Syrie. Popilius-Lænas défendit au nom du fénat, à Antiochus-Epiphane, de faire des conquêtes en Egypte. Ayant tracé un cercle autour du monarque: *Avant que de fortir de ce cercle*, lui dit-il, *rendez réponfe au fénat*. Antiochus répondit qu'il obéiroit. Il envoya des ambaffadeurs à Rome, auxquels on dit fierement qu'*on le félicitoit d'avoir obéi*. Après fa mort, les Romains exclurent du trône Démétrius, l'héritier légitime, en faveur d'Antiochus-Eupator, fils d'Epiphane, dont l'enfance ne pouvoit gêner leur ambition. Sans confulter les Syriens, ils déclarerent Eupator pupille de la république, & envoyerent trois membres du fénat pour gouverner en qualité

de

de ses tuteurs, avec ordre d'affoiblir le royaume tant qu'ils pourroient. Rome aspiroit évidemment à la conquête du monde. La ruine de Carthage lui en fraya le chemin.

X V.

Troisieme guerre Punique. Carthage, Corinthe, Numance détruites.

Depuis quelque tems, le vieux Masinissa, tout dévoué aux Romains & sûr de leur protection, avoit usurpé des terres sur le domaine de Carthage. On envoya de Rome des commissaires, pour terminer leur différend. Caton en fut un. A son retour, il accusa les Carthaginois d'armer contre la république, & ne cessa de crier qu'il falloit détruire leur ville. Scipion-Nasica, plus modéré & plus sage, combattit toujours cette opinion, aussi dangereuse que violente. Mais les invasions du roi Numide ayant forcé les Carthaginois à prendre les armes, il étoit impossible que Rome ne saisît pas enfin l'occasion de dominer en Afrique.

Occasion de la troisieme guerre Punique.

Elle avoit envoyé à Carthage des ambassadeurs, en apparence pour y rétablir la paix, mais réellement pour tirer parti des conjonctures. Masinissa défit les Carthaginois dans une grande bataille. Son fils Gulassa en livra au massacre cinquante-huit mille, qui avoient mis bas les armes. Alors les ambassadeurs levant le masque, déclarerent la guerre aux vaincus. Conduite odieuse, suivie de procédés encore plus infâmes.

Les Carthaginois effrayés, offrent de se reconnoître sujets de Rome. Le sénat romain promet de leur laisser la liberté, pourvu qu'ils fassent ce qu'exigeront les consuls, & qu'ils envoient trois cens otages. On envoie les otages avec sécurité, quoiqu'un petit nombre de sénateurs clairvoyans soupçonnent quelque perfidie. Les consuls Marcius & Manilius arrivent cependant à la tête d'une armée formidable. Ils reçoivent pompeusement les députés de Carthage, qui viennent savoir leurs

Conduite odieuse des Romains envers les Carthaginois.

intentions, & se plaindre de cet appareil de guerre. « Vous
» êtes sous la protection de Rome, leur disent les consuls; les
» armes dont vos magasins sont pleins, vous deviennent inutiles,
» apportez-les pour preuve de la sincérité de vos sentimens ».
En vain on leur représente que Carthage est environnée d'ennemis, qu'elle a besoin de ses armes : *Rome se charge de vous défendre ; obéissez.* Cette réponse ne permettoit aucune réplique. On obéit.

<small>Les Carthaginois raniment leur courage.</small>

Quand les Carthaginois se furent dépouillés de leurs armes & de leurs machines, les consuls ne rougirent point de leur déclarer que Carthage devoit être détruite ; qu'ils eussent à en sortir ; qu'ils pouvoient s'établir ailleurs, mais sans fortifications, & seulement à dix milles de la mer. Ce coup foudroyant ranime le courage, en excitant le désespoir. Le peuple massacre les sénateurs, dont l'avis avoit fait rendre les armes. On en fabrique de nouvelles avec une ardeur incroyable. Les palais, les temples sont changés en ateliers ; l'or & l'argent, les vases, les statues, suppléent au fer & au cuivre ; les femmes sacrifient leurs ornemens ; elles coupent leurs cheveux pour faire des cordes. Les Romains, ne se doutant pas qu'une ville désarmée puisse faire de la résistance, livrent l'assaut & sont repoussés ; leur flotte est réduite en cendres par des brûlots.

<small>Scipion-Emilien.</small>

Asdrubal, général des Carthaginois, auroit taillé en pieces l'armée consulaire, si elle n'avoit eu pour défenseur Scipion-Emilien, fils de Paul-Emile, & petit-fils, par adoption, de Scipion l'Africain, dont il égaloit le mérite. Ce héros, avec trois cens cavaliers, couvrit la retraite des légions, pendant qu'elles passoient une riviere en présence de l'ennemi victorieux. On le fit consul avant l'âge prescrit ; on lui assigna le département de l'Afrique. Il justifia bientôt ce choix. Carthage est bloquée & réduite à la disette. Les Carthaginois offrent de se soumettre à tout, pourvu qu'on épargne leur ville. Scipion le refuse, n'étant pas le maître de préférer l'humanité à la vengeance.

<small>An de Rome 607.
Prise de Carthage.</small>

Enfin, par le moyen d'une fausse attaque, les Romains s'emparent d'une porte ; ils avancent ; ils mettent le feu aux mai-

TROISIEME GUERRE PUNIQUE. 75

fons ; ils paſſent au fil de l'épée ce qui leur réſiſte. Le fier Aſdrubal vient lâchement demander la vie. Sa femme, plus courageuſe, l'accable de reproches, poignarde ſes enfans, & ſe précipite dans les flammes. La ville eſt abandonnée au pillage. Scipion, obéiſſant avec regret aux ordres terribles du ſénat, la détruit entiérement par le feu. L'incendie dura dix-ſept jours. Un triomphe magnifique & le ſurnom d'Africain couronnerent l'expédition du proconſul. Il avoit été ſecondé dans cette guerre par ſon ami Lélius, fils de l'ami du premier Scipion l'Africain, & par l'hiſtorien Polybe, digne d'écrire ſes exploits.

La même année vit la ruine de Corinthe, & l'anéantiſſe- Rome aſſervit ment de la liberté en Grece. Rome s'étoit fait une politique la Grece. d'entretenir la diviſion parmi les Grecs, d'interpoſer ſon autorité dans toutes les affaires, & de prendre inſenſiblement le même empire, que ſi elle eût conquis la Grece, au lieu de la déclarer libre. Cette conduite révolta les Achéens. On les avoit ménagés tant qu'ils étoient néceſſaires. On cherchoit à les dompter, parce qu'on ne craignoit plus la Macédoine. Trois aventuriers, ſe donnant pour fils de Perſée, avoient ſucceſſivement entrepris la conquête de ce royaume, & avoient été vaincus ſans peine. Le préteur Métellus tourne ſes armes contre les Achéens, & les défait. Le conſul Mummius acheve Deſtruction de la guerre par le ſac & la deſtruction de Corinthe, ville fondée Corinthe. depuis environ neuf cens cinquante ans, & l'une des plus floriſſantes de l'Europe. La Grece, ſous le nom d'Achaie, eſt réduite en province romaine.

Rome s'enrichit & ſe décora de nouvelles dépouilles. Les Ce que de- chef-d'œuvres de l'art qu'on y tranſporta, y firent naître le vinrent ſes ri- goût, que la corruption des mœurs ſuivit de près. On raconte cheſſes. un trait remarquable de l'ignorance de Mummius. Ce général, chargeant des entrepreneurs du tranſport de ce qu'il y avoit de plus précieux parmi les tableaux & les ſtatues de Corinthe, leur déclara que, ſi quelque morceau venoit à ſe perdre ou à ſe gâter, ils en fourniroient un pareil à leurs dépens. Mummius, auſſi déſintéreſſé que vaillant, ne garda rien pour lui des richeſſes & des beautés de Corinthe. Mais

K ij

si le goût des beaux arts eût poli ses mœurs & celles de Rome, Corinthe eut-elle été livrée aux flammes & au massacre ? C'est un grand malheur que les nations se corrompent par le luxe ; c'en est un plus grand qu'elles se détruisent par la barbarie.

Conduite des Romains à l'égard de Viriathe.

Avant la fin de la guerre punique, Viriathe, général des Lusitaniens en Espagne, grand capitaine, avoit soulevé différens peuples contre Rome. Il vouloit fonder un royaume par ses victoires, & il en vint à bout. Pouvant tailler en pieces l'armée romaine, il se contenta d'un traité de paix, qui lui assuroit le pays dont il étoit en possession, laissant tout le reste de l'Espagne à ces oppresseurs. Une perfidie exécrable les vengea de leurs défaites. Le consul Servilius-Cépion se fit autoriser à rompre la paix, attaqua brusquement Viriathe, le poursuivit, engagea des traîtres à l'assassiner pendant son sommeil.

Et de Numance.

Un crime en amene un autre. Les Romains se montrent également perfides envers Numance, ville considérable d'Espagne sur le Douro. Ils violent deux traités conclus avec elle, & se font détester comme des ennemis sans foi & sans justice. Les Numantins se déterminent à défendre leur liberté jusqu'à la mort. On avoit besoin d'un grand homme pour les vaincre. On nomma consul Scipion-Emilien, quoiqu'une loi toute récente ne permît pas d'élever deux fois le même homme au consulat. Le destructeur de Carthage réduisit Numance à l'extrémité, & déclara qu'il ne recevroit aucune proposition, si les habitans ne lui livroient la ville, & leurs armes, & leurs personnes. Dans le désespoir, dans les horreurs de la famine, après avoir mangé les cadavres, plusieurs aimerent mieux se donner la mort, que de se rendre aux Romains. Numance fut détruite. Avant que de suivre la chaîne des événemens, observons ici quelques particularités qui répandront du jour sur l'histoire.

XVI.

Observations générales.

Voici une réflexion importante de Montesquieu : « Nous remarquons aujourd'hui que nos armées périssent beaucoup par le travail immodéré des soldats ; & cependant c'étoit par un travail immense que les Romains se conservoient. La raison en est, je crois, que leurs fatigues étoient continuelles, au lieu que nos soldats passent sans cesse d'un travail extrême à une extrême oisiveté ; ce qui est la chose du monde la plus propre à les faire périr. On accoutumoit les soldats romains à aller le pas militaire, c'est-à-dire, à faire en cinq heures vingt milles, & quelquefois vingt-quatre. Pendant ces marches, on leur faisoit porter des poids de soixante livres. On les entretenoit dans l'habitude de courir & de sauter tout armés ; ils prenoient dans leurs exercices des épées, des javelots, des fleches d'une pesanteur double des armes ordinaires, & ces exercices étoient continuels ». *Milice.*

Est-il étonnant que de tels soldats, sous une discipline sévere, aient remporté tant de victoires ?

Les récompenses & les punitions militaires avoient servi, dès les premiers temps, à maintenir la discipline & à enflammer les courages. Les unes & les autres étoient sagement distribuées. Quoiqu'il y eût des peines afflictives, la bastonnade, la mort, rien n'étoit plus efficace que la honte & l'infamie. Toutes sortes de récompenses tiroient leur prix de l'honneur qu'elles procuroient ; & lorsque l'amour des richesses fit préférer l'argent à l'honneur, ce fut le signe d'une prompte décadence. *Récompenses & punitions militaires.*

Pendant la seconde guerre punique, la loi Porcia avoit défendu de battre de verges un citoyen romain. Cet adoucissement aux rigueurs des anciennes loix, devoit élever davantage les sentimens du peuple. Elle ne s'étendoit point aux armées, où les généraux conserverent le droit de vie & de mort. Ainsi la discipline militaire se soutint dans toute sa vigueur, tandis qu'une législation plus douce ne fit qu'augmenter l'amour des citoyens pour la patrie.

Population & mœurs.

Une des principales causes de la prospérité de Rome, c'est la population que produisoient la pureté des mœurs & la sainteté du mariage. Peu d'années après la premiere guerre punique, les censeurs trouvant le nombre des citoyens fort diminué, exigerent de tous un serment de se marier, & de ne se marier que dans la vue de donner des sujets à la république. C'est alors qu'on vit le premier exemple de divorce, permis cependant par les premieres loix. Carvilius, qui aimoit sa femme, la répudia pour cause de stérilité. Les divorces devinrent fréquens, à mesure que les mœurs se corrompirent. Alors furent établis les contrats de mariage, afin d'assurer aux femmes la possession de leurs biens, en cas de séparation.

Finances.

Jusqu'au temps où Paul-Emile assujettit la Macédoine par la défaite de Persée, & en rapporta d'immenses richesses au trésor public, les citoyens avoient toujours payé le tribut, qui se régloit au cens selon les fortunes : on y ajoutoit quelquefois des contributions extraordinaires dans le besoin. Mais depuis ce temps jusqu'à la mort de César, ils furent exempts de tout tribut. Les droits sur les marchandises, ce qu'on retiroit des terres de la république, les impôts sur les peuples d'Italie & sur les Provinces, faisoient le revenu de l'état. A la fin de la premiere guerre punique, le censeur Livius mit le premier impôt sur le sel, & fut nommé pour cette raison *salinator*.

Les mines d'Espagne enrichirent principalement Rome. Elle employoit quarante mille hommes à celles qui étoient dans le voisinage de Carthagene, & en tiroit chaque jour plus de quatre talens. Le butin qu'apportoient les généraux, augmentoit sans cesse le trésor. Les plus riches nations du monde devinrent tributaires. Alors commencerent les fraudes & les vexations des publicains, les concussions des magistrats ; alors les richesses particulieres introduisirent dans les maisons le luxe, la somp-

OBSERVATIONS GÉNÉRALES. 79

tuofité, des befoins nouveaux & factices, des défordres qui fapperent les fondemens du bien public.

La ville fut pavée, pour la premiere fois, après l'expédition d'Afie contre Antiochus. Près de cinq cens ans s'étoient écoulés, fans qu'on eût aucune mefure du temps. Le conful Valérius apporta de Sicile un cadran folaire. Scipion-Nafica, plus de cent ans après, fit connoître les clepfydres, qui fervoient à mefurer les heures, le jour & la nuit. Tout étoit dans une efpece d'enfance, excepté l'art militaire. La médecine confiftoit en recettes de familles, lorfqu'un Grec, nommé Archagate, vint l'exercer, ainfi que la chirurgie, au tems du fiege de Sagonte par Annibal. *Arts.*

Ennius, le premier poëte, ami de Scipion l'Africain, compofa l'hiftoire romaine en vers, ou plutôt en profe mefurée. Névius, fon contemporain, fit la même chofe fur la premiere guerre punique. C'étoient les plus foibles rayons du génie qui devoit produire tant de chef-d'œuvres. On voit ici, comme ailleurs, la poéfie cultivée avant la profe, & confacrée au fouvenir des faits. L'ancienne fatyre n'étoit que rufticité. Fabius-Pictor, conful l'an de Rome 485, avoit écrit fur l'hiftoire romaine; mais nous ne connoiffons point fon ouvrage. *Lettres.*

Rome s'éclaira, fe polit le goût & les mœurs par le commerce des Grecs. Plaute & Térence tirerent le théâtre de la barbarie. On prétend que Scipion-Emilien & Lélius partagerent avec Térence la compofition de fes pieces. L'hiftorien Polybe, le philofophe Panétius accompagnoient ces grands hommes dans leurs expéditions. Déjà l'amour des belles-lettres, de la philofophie, des fciences diffipoit la rouille de férocité que les Romains avoient reçue de leurs ancêtres.

Caton le Cenfeur s'en plaignit amérement. Quoiqu'il fût lui-même hiftorien & orateur, il fe déchaîna contre les Grecs dont on alloit prendre les leçons. On chaffa par un décret ces rhéteurs & ces philofophes, qu'il repréfentoit comme dangereux, & qui l'étoient réellement lorfqu'ils n'apprenoient qu'à embarraffer la raifon par des fophifmes, ou à donner au menfonge les couleurs de la vérité. Mais la bonne littérature ne pouvoit produire que du bien.

Une chose admirable, & commune chez les Romains, c'est qu'un même homme fût magistrat, guerrier, juge & général, habile dans le barreau & dans le gouvernement, homme d'état & homme de lettres; qu'il pût se signaler & se rendre utile en tout genre. Quels hommes! que leur éducation devoit être différente de la nôtre!

XVII.

Les Gracques.

An de Rome 620.

LES querelles entre le sénat & le peuple avoient été suspendues par les guerres étrangeres: mais le principe qui les avoit excitées subsistoit encore; & quoique les plébéiens eussent remporté de grands avantages, quoique les deux consuls fussent même quelquefois tirés de leur ordre, le petit peuple n'en étoit pas moins à plaindre. Deux hommes d'un mérite distingué, Tibérius & Caïus-Gracchus, tenterent une réforme que les circonstances rendoient impossible; leur entreprise téméraire fut comme le signal des guerres civiles, qui noyerent la liberté dans le sang des citoyens.

Leurs entreprises.

Ces deux freres, nés de l'illustre Cornélie, fille de Scipion l'Africain, avoient reçu d'elle la meilleure éducation; ils avoient sur-tout le talent de l'éloquence, si propre à gouverner la multitude. Tibérius s'étoit acquis une réputation brillante, soit dans les armées, soit dans l'intérieur de la république, lorsque la charge de tribun du peuple ouvrit à son zele ou à son ambition, la carriere où il devoit périr.

Désordres dans la république.

Depuis plus de deux siecles & demi la loi Licinia étoit méprisée. Loin de se contenter de cinq cens arpens de terre, les patriciens avoient usurpé une partie considérable des terres de la république. Les riches étendoient sans mesure leurs possessions. Ces campagnes, autrefois habitées par les plus illustres Romains, étoient remplies d'esclaves qui les cultivoient pour leurs

leurs maîtres, & qui étoient exempts & même exclus du service des armées. Le peuple, destiné à la défense de la patrie, ne possédoit rien.

Tibérius-Gracchus propose de remettre la loi Licinia en vigueur, à condition néanmoins que l'on paiera des deniers publics ce que les riches possedent de terres au-delà de cinq cens arpens. Les patriciens se récrient; ils insistent sur l'ancienneté de leurs possessions, sur les inconvéniens de la nouveauté. Plus le tribun rencontre d'obstacles, plus il s'efforce d'animer le peuple : *Les bêtes sauvages ont des tanieres,* disoit-il, *& des citoyens romains, qu'on appelle les maîtres du monde, n'ont pas de toît pour leur demeure, pas un pouce de terre pour leur sépulture.* Enfin la loi Licinia est renouvelée.

Moyens qu'emploie Tibérius pour y remédier.

Si Tibérius s'en étoit tenu là, peut-être auroit-il réussi dans ses projets. Il se perdit en poussant à bout les patriciens. Non-seulement il fit ajouter à la loi, que les terres usurpées sur la république seroient enlevées aux possesseurs; mais, comme on ne trouvoit pas encore dequoi contenter tous les pauvres, il leur fit distribuer les trésors d'Eumene, roi de Pergame, qui avoit légué au peuple romain son royaume & ses richesses. Enfin, pour se mettre à couvert de la fureur de ses ennemis, il demanda, contre les regles, d'être continué dans le tribunat, alléguant qu'on en vouloit à sa vie, & intéressant le peuple à sa conservation. Alors les sénateurs prennent le parti d'user de violence. Ils montent au capitole où se tenoit l'assemblée. Tibérius averti du danger qui le menace, porte la main à sa tête pour demander à ses amis du secours : ils étoient convenus de ce signal. Ses adversaires supposent qu'il demande un diadême, & que le peuple va le couronner.

Pousse à bout le sénat.

On annonce cette entreprise au sénat. Le Consul Minucius-Scévola s'efforce envain de modérer les esprits. Scipion-Nasica, cousin-germain du tribun, s'écrie : *Puisque le consul nous trahit, que les bons citoyens me suivent.* Il court, suivi d'une foule de sénateurs, auxquels se joignent leurs clients armés de bâtons. Tibérius meurt assommé avec plus de trois cens de ses amis ; exemple d'autant plus terrible, qu'aucune sédition

An de Rome 624. Sa fin tragique.

jusqu'alors n'avoit fait couler de sang romain. Le sénat, oubliant son ancienne modération, justifia ce qui s'étoit fait; & pour soustraire Nasica à la vengeance du peuple, on l'envoya ambassadeur en Asie, où il mourut.

Entreprise de Caïus-Gracchus.

Caïus-Gracchus, aussi vertueux, aussi zélé & plus éloquent que Tibérius, après avoir vécu quelques années dans la retraite, entra dans la carriere des honneurs. Malgré les allarmes & les conseils de Cornélie, il aspiroit au tribunat : il y parvint. Jamais tribun ne se montra plus actif en faveur du peuple. Au partage des terres, il ajouta divers établissemens, sur-tout des magasins de bled, dont les pauvres devoient tirer chaque mois à bas prix leur subsistance. Pour affoiblir de plus en plus l'autorité du sénat, il représenta que l'injustice présidoit souvent aux tribunaux, & qu'il importoit de transférer aux chevaliers, qui appartenoient à l'ordre des plébéiens, le jugement de toutes les causes entre des particuliers. Cette loi passa. On renouvela aussi la défense d'exécuter aucune sentence capitale contre un citoyen romain, sans le consentement du sénat & du peuple. Enfin Gracchus entreprit de procurer le droit de bourgeoisie & de suffrage à tous les alliés de Rome en Italie. Opimius, son ennemi mortel, fut nommé consul.

An de Rome 632. Sa mort.

Le peuple assemblé devoit prononcer sur l'exécution des nouvelles loix, qui révoltoient la noblesse. Un des licteurs d'Opimius, passant près des amis de Gracchus, s'écria insolemment : *Faites place, mauvais citoyens*, & fut aussi-tôt tué. Le consul porte ses plaintes au sénat. On l'autorise à exécuter tout *ce qu'il jugera expédient à la république*. Cette formule l'armoit du pouvoir suprême. Il ordonna aux chevaliers de prendre les armes. Quoique le danger fût évident, Gracchus sortit de sa maison, sans défense, malgré les prieres & les larmes d'une tendre épouse : *Après le meurtre de Tibérius,* disoit-elle, *quelle confiance peut-on avoir aux loix ou aux Dieux ?* Opimius, à la tête des troupes, attaque le mont Aventin, où le peuple s'étoit retiré sous la conduite de Fulvius. Il promet l'amnistie à ceux qui mettront bas les armes; il s'engage à payer au poids de l'or la tête de Fulvius & celle de Gracchus. Abandonnés du peuple, ils périrent l'un & l'autre. Plus de trois mille de leurs partisans perdirent la vie dans cette émeute. Le barbare consul fit jetter tous les cadavres dans le Tibre, & éleva un temple à la Concorde, après avoir inondé la ville de sang.

Les deux Gracchus étoient certainement de grands hommes. Avec plus de ménagemens & moins de chaleur, ils auroient pu tirer les pauvres de l'oppression ; ils auroient du moins adouci leur sort. S'ils devinrent séditieux, ce fut moins leur faute que celle des riches impitoyables. Mais ils ne méritèrent jamais le reproche d'aspirer à la tyrannie ; & le sénat, en leur imputant un crime évidemment contraire à leurs principes & à leur conduite, cherchoit le moyen de les perdre, & non le salut de l'état. Ce qu'on doit penser des Gracques.

Cornélie avoit toujours regardé ses fils comme son unique trésor. Elle soutint leur perte avec une constance admirable. On crut que l'âge & le malheur lui ôtoient le sentiment ; « mais » ceux qui pensoient de la sorte, dit Plutarque, ne sentoient pas » combien l'éducation, jointe à des qualités supérieures, est » une puissante ressource contre le chagrin ; & que, si la fortune » l'emporte quelquefois sur la vertu, elle ne lui enleve pas » les moyens de supporter courageusement les revers ». Cornélie vécut tranquille dans la société des savans, & honorée par tout ce qu'il y avoit de respectable. Cornélie

XVIII.

Guerre de Jugurtha. Marius.

UNE corruption abominable infectoit les mœurs des principaux citoyens. Tout devenoit vénal à Rome. Les trésors de toutes les nations y avoient allumé la soif des richesses, y avoient éteint les sentimens d'honneur & de vertu. Nous allons en voir la preuve dans la guerre de Jugurtha.

Crimes de Jugurtha.

Masinissa avoit laissé trois fils qui gouvernerent conjointement le royaume de Numidie. Micipsa, par la mort des deux autres, se trouva maître de tout. Celui-ci, quoiqu'il eût deux enfans, Adherbal & Hiempsal, avoit adopté Jugurtha, fils naturel d'un de ses freres, & déjà célebre par sa valeur. Il espéroit enchaîner son ambition par la reconnoissance. Mais à peine Micipsa eut-il expiré, que Jugurtha fit assassiner Hiempsal. Le meurtre de ce prince présageoit la ruine d'Adherbal. Celui-ci leva des troupes pour se défendre. Il perdit une grande partie de ses états, & alla implorer la justice des Romains.

Depuis long-temps le meurtrier s'étoit assuré, qu'avec de l'or on pouvoit colorer à leurs yeux les crimes les plus atroces. Ses largesses parlerent pour lui dans le sénat: la pluralité se tourna en sa faveur. Bientôt il reprend les armes, poursuit Adherbal, & l'assiege dans Cirtha. Rome paroît indignée. De nouveaux commissaires arrivent. Scaurus, prince du sénat, menace l'usurpateur, lui ordonne de lever le siege sans délai. La fraude & l'argent triomphent encore. Adherbal abandonné capitule; Jugurtha l'assassine, & jouit arrogamment de sa dépouille.

Conduite des Romains à son égard.

Il n'étoit plus possible de tolérer des attentats si criants. Le consul Calpurnius-Pison partit avec Scaurus, son lieutenant. Jugurtha leur fit des propositions, obtint une conférence, conclut la paix d'une maniere avantageuse. On ne douta point qu'il ne l'eût payée. Tandis que le sénat gardoit le silence, Memmius, tribun du peuple, éleva la voix contre les prévaricateurs, & conclut à sommer Jugurtha de comparoître. Le Numide comptant sur ses trésors, vint à Rome, gagna un tribun. Il fit impunément assassiner un de ses proches, qui demandoit sa couronne; il partit en s'écriant: *O ville vénale! tu périrois bientôt, si tu trouvois quelqu'un pour t'acheter.*

Métellus.

La guerre ayant recommencé, Jugurtha fit passer sous le joug l'armée romaine, que commandoit alors Aulus-Postumius, lâche & imprudent général. Mais le consul Métellus effaça la honte de sa patrie. Après avoir employé inutilement la séduc-

GUERRE DE JUGURTHA. MARIUS. 85

tion, pour fe faire livrer Jugurtha, mort ou vif, il combattit fi heureufement, que le roi fe laiffa perfuader enfin de fe foumettre. Un ordre qu'il reçut enfuite, de venir en perfonne trouver Métellus, lui infpira de la défiance & ranima fon courage.

Métellus avoit choifi pour fon lieutenant le célebre Marius; plébéien de naiffance très-obfcure, fans éducation, fans lettres; mais dévoré d'ambition, endurci aux travaux dès fa jeuneffe, fobre, infatigable, audacieux. Ce guerrier s'étoit attiré au fiege de Numance les regards & l'eftime de Scipion l'Africain. De fimple foldat, il étoit devenu fucceffivement tribun des foldats, tribun du peuple, enfin préteur. C'étoit un de ces hommes ardens, que rien ne peut détourner de la fin qu'ils fe propofent; capables de faire les plus grands biens ou les plus grands maux, au gré de leur intérêt & des conjonctures. Marius, pour fe donner du relief, n'eut pas honte de décrier Métellus, fon général, fon bienfaiteur. Il obtint la permiffion d'aller à Rome briguer le confulat où il afpiroit. Là, il redoubla fes invectives, & gagna tellement le peuple, qu'il fut nommé conful, & chargé de la guerre de Numidie, quoique le fénat eût affigné, pour la troifieme fois, cette province à Métellus, en qualité de proconful.

Supplanté par Marius.

Métellus efpéroit terminer promptement la guerre, quand il eut le chagrin de voir un ingrat lui enlever le commandement. De retour à Rome, il diffipa fans peine des foupçons injurieux. Le peuple lui décerna le triomphe avec le furnom de Numidique. Un tribun l'ayant accufé d'avoir pillé la province, les chevaliers romains ne voulurent point examiner fes comptes, qu'il produifoit pour fe juftifier : *La plus forte preuve de fon innocence,* difoient-ils, *c'eft le témoignage de toute fa vie.* Une accufation ainfi terminée, valoit elle-même un triomphe.

Métellus fe juftifie.

Quelque habile, quelque courageux que fût Marius, la guerre de Numidie ne finit que par trahifon. Sylla fon quefteur, qui deviendra bientôt fon rival, détache de l'alliance de Jugurtha Bocchus, roi de Mauritanie, gendre & allié de ce

An de Rome 647. Fin de la guerre de Jugurtha.

prince. Il lui persuade ensuite de le livrer aux Romains de la maniere la plus infâme. Bocchus fait arrêter son beau-pere, qui venoit sur sa parole au rendez-vous d'une conférence, & à qui même il avoit promis de livrer Sylla. Le roi numide est conduit à Rome, chargé de fers; il orne le triomphe de Marius, essuie les insultes de la soldatesque, & meurt dans un cachot. Trois mille sept cens livres pesant d'or, près de six mille livres d'argent, sans compter l'argent monnoyé, furent les dépouilles de son royaume. Les Romains s'enrichissoient toujours par la guerre, si ruineuse pour les nations modernes. Faut-il s'étonner que leur ambition ne finît ordinairement une guerre, que pour en commencer une autre?

XIX.

Invasion des Cimbres & des Teutons. Guerre sociale.

<small>Invasion des Cimbres & des Teutons.</small> UN déluge de barbares exposa bientôt ces avides conquérans à perdre tout le fruit de leurs victoires. Les Cimbres & les Teutons, sortis du nord de l'Europe, des environs de la mer Baltique, s'étoient jettés sur la Gaule, où quelques peuples gaulois s'unirent à eux. Ils avoient battu cinq consuls avec un carnage affreux. Rome avoit perdu dans une seule journée quatre-vingt mille hommes.

<small>An de Rome 648. Défaite des Teutons.</small> On ne vit que Marius capable de réparer ces malheurs. Les Teutons, quoique séparés des Cimbres, étoient redoutables par leur multitude & leur bravoure. Il attendit pour hasarder une bataille, qu'il pût compter sur la victoire, méprisant leurs insultes, accoutumant les troupes à ne plus s'effrayer de leurs hurlemens, ni de leur aspect. Enfin il les <small>An de Rome 651. Défaite des Cimbres.</small> tailla en pieces près d'Aix en Provence, où leur perte fut, dit-on, de plus de cent mille hommes. L'année suivante, dans son cinquieme consulat, il défit de même à Verceil les Cimbres qui ravageoient l'Italie. Ces barbares, hommes & femmes, se

pendirent la plupart de défefpoir, plutôt que de furvivre à leur défaite; & les arbres leur manquant, ils s'attachoient par le cou à la queue de leurs chevaux ou aux cornes de leurs bœufs. S'ils avoient eu la difcipline des Romains, ils les auroient peut-être fubjugués: mais ils ne favoient que fe battre en furieux & mourir avec courage. Le proconful Catulus, qui commandoit avec Sylla une partie de l'armée, eut plus de part que Marius à la victoire; il partagea l'honneur du triomphe. Catulus eft cependant prefque entiérement oublié; tant la réputation même dépend quelquefois des caprices de la fortune.

En fauvant la république, Marius n'avoit cherché qu'à fatisfaire fon ambition. Il obtint un fixieme confulat à force d'argent & de baffeffes; il s'unit de la maniere la plus étroite avec Saturninus, tribun du peuple, & avec le préteur Glaucia, deux ennemis de la vertu & du bien public. Saturninus propofa une loi agraire portant cette claufe: « Que le fénat s'obli- » geroit par ferment de confirmer tout ce qui feroit ftatué par » le peuple; fous peine, pour les fénateurs qui refuferoient » le ferment, d'être dégradés & condamnés à une amende de » vingt talens ». Métellus, perfiftant feul à refufer, on l'exila: *Ou les chofes changeront*, dit-il en partant de Rome, *& le peuple revenu de fon erreur, me rapellera; ou elles ne changeront point, & alors je dois me féliciter d'être loin de ma patrie.* Elles changerent par les fureurs même de Saturninus, pouffées au point que Marius l'abandonna.

Attentats de Saturninus.

Ce tribun, voulant que Glaucia foit conful, fait affaffiner publiquement Memmius fon compétiteur. Alors le fénat, comme dans les périls extrêmes, ordonne au conful de *pourvoir à la fureté de la république.* On prend les armes contre les féditieux. On pourfuit Saturninus dans le capitole; il eft maffacré, auffi-bien que Glaucia, malgré le defir qu'avoit Marius de les fauver l'un & l'autre. Celui-ci eut bientôt le chagrin de voir rappeler Métellus, qui fe confoloit de l'oppreffion au fein de la philofophie & de la vertu.

Conduite de Marius.

Depuis long-temps les alliés de Rome en Italie, afpiroient aux droits de citoyens romains. C. Gracchus, pour fortifier fon

Drufus tribun.

parti, s'étoit efforcé de procurer aux Latins un avantage si précieux, & avoit péri dans cette entreprise. Le tribun Drusus, homme distingué par sa naissance & par ses talens, forma le dessein chimérique de satisfaire à la fois les alliés & tous les ordres de l'état. Ses loix passerent, malgré de vives oppositions; tant il sut manier adroitement les esprits.

<small>Mort de Drusus.</small>

Les Romains qui regardoient les alliés comme leurs sujets, ne pouvoient se résoudre à les rendre leurs égaux. Drusus sentit la foiblesse de son crédit à cet égard. Les alliés désespérant de le voir exécuter sa promesse, quelques-uns d'eux résolurent d'assassiner les consuls. Instruit du complot, Drusus eut la générosité d'en avertir le consul Philippe, son plus ardent adversaire. Pour récompense de ce service, il fut lui-même assassiné peu de tems après. On rapporte un trait qui donnera l'idée de sa vertu. Il faisoit bâtir une maison. L'architecte lui offrant de la tourner de maniere que personne n'auroit vue sur lui : *Employez plutôt votre art*, répondit-il, *à faire que mes actions soient exposées à la vue de tout le monde*.

<small>Guerre sociale.</small>

La mort de Drusus fut comme un signal de guerre pour les alliés. Ils se révoltent de concert ; ils prennent les armes: ennemis d'autant plus redoutables, qu'ils avoient la discipline & la science militaire des Romains, & que Rome n'avoit vaincu qu'avec leur secours. Les Marses, les Samnites tenoient parmi eux le premier rang. Ils forment le projet d'une république nouvelle. Ils combattent contre les meilleurs généraux, Marius, Sylla, Pompée. La politique romaine joignit l'adresse à la fermeté. Rome, après avoir enrôlé les affranchis, contre l'usage, & avoir accordé politiquement le droit de citoyens à ceux des alliés qui étoient demeurés fideles, accorde le même droit aux autres à mesure qu'ils se soumettent. Ainsi la guerre sociale se rallentit tout-à-coup. On trouva le secret de rendre presque inutile aux alliés, ce qu'ils avoient obtenu avec tant de peine. Au lieu de les distribuer dans les trente-cinq tribus, où ils auroient eu, par leur nombre, la supériorité des suffrages, on en composa huit tribus nouvelles, qui n'avoient aucune influence, parce qu'elles votoient les dernieres.

X X.

XX.

Guerres civiles. Marius & Sylla.

LES guerres civiles vont commencer. Marius & Sylla en furent les premiers auteurs. Nous connoissons déjà Marius; l'autre mérite davantage d'être connu. Il descendoit de Cornélius-Rufinus, que les censeurs chasserent du sénat, l'an de Rome 477, parce qu'il possédoit plus de quinze marcs de vaisselle d'argent. Personne de cette branche n'étoit depuis parvenu au consulat. Tous les talens de l'esprit, cultivés par la littérature & la politesse, animés par l'ambition & par l'amour de la gloire, joints au courage, à l'activité, à une grande souplesse de caractere, rendoient Sylla très-capable de relever l'honneur de sa maison. Aimant les plaisirs, il savoit y renoncer pour la réputation & la fortune. Né avec peu de bien, il avoit amassé des richesses dignes sans doute du reproche qu'on lui fit un jour : *Comment seriez-vous honnête homme, vous à qui votre pere n'a rien laissé, & qui êtes maintenant si riche ?* Après la guerre de Numidie, l'argent & l'intrigue lui procurerent la préture. Ses exploits dans la guerre sociale, où il éclipsa Marius, augmenterent l'attachement pour sa personne. Il devint consul, & fut chargé de la guerre contre Mithridate, roi de Pont, un des plus redoutables ennemis de Rome.

^{Sylla.}

Marius ne pardonnoit point à Sylla de s'être attribué le succès de l'expédition de Numidie. Quoique vieux, pesant & infirme, il vouloit avoir le commandement de cette nouvelle guerre. Pour l'enlever à son rival, il s'unit avec Sulpicius, tribun du peuple, homme d'une audace effrénée, toujours escorté de satellites, qu'il appeloit impudemment son *anti-sénat*. Il proposa de nommer Marius, alors simple particulier, général de l'armée contre Mithridate ; & il n'eut aucune peine à l'obtenir.

Brouilleries de Sylla & de Marius.

90 HISTOIRE ROMAINE.

An de Rome 665.

Sylla s'étoit rendu à son camp. Résolu de tirer vengeance d'un tel affront ; il marche vers Rome, où plusieurs de ses partisans avoient été massacrés. Il y entre l'épée à la main ; il menace de mettre le feu aux maisons, si l'on fait de la résistance. Marius & Sulpicius ayant pris la fuite, il contient les troupes dans le devoir, & empêche tout le désordre. Il fait casser les loix du tribun ; il rétablit l'ancienne regle, de ne proposer aucune loi que le sénat n'eût approuvée. Le peuple intimidé, confirme tous ces changemens.

Vengeance de Sylla.

Pour satisfaire sa vengeance, le consul propose au sénat de déclarer ennemi de la patrie Marius & son fils, Sulpicius & neuf de leurs principaux partisans. Q. Scévola, savant & vertueux citoyen, lui résiste courageusement. « Ni vos soldats, » ni vos menaces, dit-il, ne m'obligeront de déshonorer ma » vieillesse, en déclarant ennemi de Rome celui par qui Rome » & l'Italie ont été sauvés ». Mais les autres sénateurs se montrent faciles & complaisans. On rend un décret de proscription. La tête de Sulpicius portée à Rome devint un spectacle de terreur. Marius fut pris dans les marais de Minturnes où il se cachoit. Un soldat qui devoit être son bourreau, n'osa frapper ce grand général, & les Minturnois favoriserent son évasion en Afrique. Le commandant de cette province lui ayant envoyé ordre d'en sortir, il répondit fièrement à l'officier qui faisoit la commission : *Vas lui dire que tu as vu Marius fugitif au milieu des ruines de Carthage.* Tableau frappant des vicissitudes de la fortune ! Il se retira ensuite dans une île, où, avec son fils, il attendit quelque révolution en sa faveur.

Révolution favorable à Marius.

A Rome, tout changea bientôt de face. Cinna, furieux partisan de Marius, fut nommé consul. Sylla y consentit, après lui avoir fait jurer de ne point agir contre ses intérêts. Cette modération ne désarma point sa haine. Cinna renouvelle la loi de Sulpicius par rapport aux alliés. Octavius, son collegue, s'y oppose ; on en vient aux armes ; la place publique regorge de sang. Cinna, chassé de Rome, privé du consulat, se retire chez les alliés. Ils prennent les armes en sa faveur, & les Romains mécontens, se joignent à eux. La circonstance

SYLLA ET MARIUS.

étoit favorable à Marius. il revient, il est reçu par Cinna, qui le déclare proconsul. Tous deux, avec une armée considérable, assiegent la ville. Le sénat augmente leur audace, en leur envoyant une députation. Cinna ne veut rien entendre, jusqu'à ce qu'on le reconnoisse pour consul. Il promet d'épargner le sang des citoyens. Il n'en forme pas moins la résolution, avec Marius & les autres chefs, de massacrer tous ceux qu'ils regardent comme leurs ennemis ; & ce massacre s'exécute.

Proscription.

Qu'on imagine une ville prise d'assaut par des barbares ; les têtes des plus illustres citoyens exposées sur la tribune aux harangues ; les richesses & la puissance devenues un titre de proscription ; la soif du sang irritée par le carnage même ; le féroce Marius, qui avoit affecté l'abattement d'un malheureux, surpassant, à l'âge de plus de soixante & dix ans, les cruautés de Cinna : c'est le spectacle que présente Rome.

Rapportons un seul fait propre à caractériser les guerres civiles. Dans une action, deux freres se battirent sans se connoître, l'un tua l'autre, le reconnut en le dépouillant, & transporté de désespoir, se tua lui-même sur le bûcher de son frere, pour mêler ses cendres aux siennes.

Mort de Marius.

A la fin de cette année de massacres, Cinna & Marius s'emparerent du consulat ; ils ne daignerent pas même se faire élire pour la forme. Le dernier mourut bientôt. Agité des inquiétudes de la tyrannie, il craignoit le retour du victorieux Sylla, dont la vengeance ne pouvoit être que terrible. Sans ressources du côté de la raison, il cherchoit à s'étourdir par des excès de vin, & il y trouva une mort digne de lui.

XXI.

Sylla dans la Grece & en Asie. Mithridate.

ON a vu la république romaine établir son despotisme en Asie. Elle commandoit aux rois, protégeoit les uns pour dompter les autres, & se rendoit l'arbitre de tous, pour les juger au gré de ses propres intérêts.

<small>Mithridate.</small> Dès que Mithridate, roi de Pont, fut en âge de former des entreprises, il résolut de résister à l'ambition romaine. La noblesse de son origine, la hauteur de ses sentimens, la force de son génie, son courage endurci aux fatigues, sa position avantageuse, ses ports sur le Pont-Euxin, le rendoient capable d'exécuter les plus grandes choses, & son ambition ne connoissoit point de bornes.

<small>Ce qu'il avoit fait contre les Romains.</small> Ce Prince avoit enlevé la Cappadoce à Ariobarzane, & la Bithynie à Nicomede, deux rois alliés des Romains; il avoit conquis toute l'Asie mineure. Rome lui ayant déclaré la guerre, il avoit fait massacrer en un seul jour quatre-vingt mille Romains ou Italiens. Enfin il envahit la Grece par ses généraux. L'imprudente Athenes se livra follement à la joie de changer de maître.

<small>Sylla à Athenes.</small> Les troubles de la république de Rome avoient favorisé les entreprises de Mithridate. Sylla, comme on l'a vu, partit enfin pour arrêter ses progrès. Il passa en Grece, & résolut de prendre Athenes & le Pirée tout-à-la-fois. La somme qu'on lui avoit fournie ne suffisant point, il se fit apporter les trésors des temples, même de celui de Delphes. En les recevant, il dit avec plaisanterie, qu'*on ne pouvoit douter de la victoire, puisque les dieux soudoyoient ses troupes.* Les Athéniens railloient de leur côté, quoiqu'environnés de périls. Une famine affreuse les réduisit à demander grace. Leurs députés vinrent haranguer Sylla. Ils parlerent avec emphase de Théfée, de

Codrus, des victoires de Marathon & de Salamine : *Allez,
leur répondit Sylla, heureux & glorieux mortels, reportez
ces beaux discours dans vos écoles; je ne suis point ici pour
apprendre votre histoire, mais pour châtier des rebelles.* La
ville fut prise d'assaut & livrée au pillage. Le vainqueur, prêt
à la faire raser, se laissa fléchir, & *pardonna aux vivants
en considération des morts*; tant la gloire des anciens héros
d'Athenes & des grands génies qu'elle avoit produits, imprimoit
encore de respect dans l'abjection de cette fameuse république.
Archélaüs, l'un des meilleurs généraux de Mithridate, fut
contraint d'abandonner le Pirée. On y mit le feu.

<small>An de Rome 667.</small>

Deux victoires complettes, remportées ensuite par Sylla,
ruinerent toutes les espérances de l'ennemi. La seconde, remportée à Orchomene, lui fait d'autant plus d'honneur, qu'il
se vit au moment de la perdre. Ses troupes fuyoient; il accourut,
descendit de cheval, saisit une enseigne, & affrontant le danger:
Il m'est glorieux de mourir ici, s'écria-t-il; *vous autres, si
l'on vous demande où vous avez abandonné votre général,
vous répondrez, à Orchomene.* Il n'en falloit pas davantage
pour rendre les Romains invincibles.

<small>Victoires de Sylla.</small>

Tandis que le général soutenoit ainsi la cause de Rome,
il étoit proscrit comme ennemi de la république. Cinna,
consul pour la troisieme fois, exerçoit une tyrannie insupportable. Archélaüs voyant qu'en pareilles circonstances Sylla devoit
souhaiter la fin de la guerre, lui offrit toutes sortes de secours,
s'il vouloit retourner en Italie. Le Romain, indigné de la
proposition, lui offrit à son tour de le mettre sur le trône de
Mithridate, s'il vouloit livrer la flotte qu'il commandoit. Archélaüs répondit qu'il détestoit la trahison. *Quoi donc*, reprit
Sylla, *toi Cappadocien, l'esclave ou l'ami d'un roi barbare,
tu rougirois d'acheter à ce prix une couronne; & à un général
romain, à Sylla, tu oses parler de trahison !*

<small>Proscrit à Rome.</small>

Cependant Valérius-Flaccus, que Cinna avoit nommé général, venoit dépouiller Sylla du commandement, par ordre
du sénat même. Ses troupes, excepté deux légions, passerent
sous les drapeaux de Sylla. Flaccus fut tué par son propre

94   HISTOIRE ROMAINE.

lieutenant Fimbria, qu'il avoit déposé, & qui ne respectoit aucun devoir.

Troupes de Sylla en Asie.

L'heureux Sylla, triomphant ainsi de tous les obstacles, ne voulut point quitter l'Asie, sans venger le massacre des Romains. Les contributions qu'il exigea des villes rebelles, monterent à des sommes immenses. Il distribua par-tout ses légions; il fit donner à chaque soldat seize drachmes (*) par jour, outre le logement & la nourriture. Ces funestes exemples annonçoient la chute de la discipline. « On vit alors, pour la » premiere fois, dit Salluste, une armée romaine prendre le » goût du vin & des femmes, le goût des statues, des tableaux, » des vases ciselés; en dépouiller les particuliers, & les villes, » & les temples; piller enfin le sacré & le profane ». Cet esprit de rapacité s'accrut tous les jours.

XXII.

Retour de Sylla. Ses proscriptions, sa dictature, sa mort.

An de Rome 670.
Retour de Sylla à Rome.

PLUS de deux cens mille hommes étoient en armes, pour s'opposer à Sylla qui revenoit en Italie. Il arriva n'ayant qu'une armée d'environ quarante mille hommes. Mais ses soldats le chérissoient, & il avoit le talent d'attirer les autres dans son parti. Céthégus, Verrès, Pompée, d'autres personnages considérables, toute une armée consulaire se rangerent sous ses drapeaux. Il échauffoit les cœurs, il inspiroit la confiance. Crassus, qu'il envoyoit faire des levées, lui demandant une escorte, parce qu'il falloit traverser un pays occupé par les ennemis: *Je te donne pour escorte, dit Sylla, ton pere, ton frere, tes proches, indignement égorgés, & dont je poursuis la vengeance.* Ces paroles firent voler Crassus, & la commission fut remplie avec succès. Après avoir remporté plusieurs vic-

---

(*) Une drachme valoit environ quinze sols de notre monnoie.

toires sur ses ennemis, Sylla se fit abhorrer par ses proscriptions.

Quelqu'un lui disant : « Nous ne demandons pas grace pour ceux que vous êtes résolu de faire mourir ; mais du moins tirez d'inquiétude ceux que vous voulez sauver » : *Je ne sais pas encore*, répondit-il, *à qui j'accorderai la vie.* — *Hé bien*, répliqua-t-on, *nommez ceux que vous voulez exterminer*. Le lendemain parut une liste de quatre-vingts proscrits, dont les premiers étoient Carbon & le jeune Marius, actuellement consuls ; le surlendemain, une autre liste de deux cens vingt, & une autre pareille le jour suivant. Enfin le tyran déclara au peuple qu'il ne pardonneroit à aucun de ses ennemis.

Ses cruautés.

L'esclave fut invité, par des récompenses, à tuer son maître, le fils même à tuer son pere : la tête d'un proscrit étoit payée deux talens : on confisquoit les biens ; on punissoit jusqu'aux générations à naître ; car les petits-fils de ces malheureux étoient condamnés, comme infâmes, à ne posséder aucune charge. Rome les provinces se changerent en boucheries pour une foule de citoyens, dont plusieurs ne furent immolés, que parce qu'on en vouloit à leur dépouille. *C'est ma terre qui me proscrit*, s'écria un certain Aurélius, homme paisible, éloigné de toute affaire.

Détail sur ses proscriptions.

Marius ne pouvant plus défendre Préneste, où il s'étoit retiré, convint avec un ami de se donner mutuellement la mort: ils se percerent de leurs épées. Carbon, l'autre consul, avoit quitté l'Italie. Pompée le poursuivit, le vit prosterné à ses pieds, & ordonna son supplice, quoique Carbon eût des droits à sa reconnoissance. Ainsi les Romains vengeoient les uns sur les autres tant de peuples écrasés par leur ambition.

La république n'existoit plus : un seul étoit maître de tout ; l'épée faisoit son titre & le soutenoit. Sylla en voulut un plus respectable. Comme le nom de roi auroit excité l'horreur des Romains, il fit proposer au peuple de nommer un dictateur sans limitation de tems, pour réparer les maux de l'état, s'offrant à remplir cette charge, si on vouloit la lui confier. C'étoit se nommer lui-même avec adresse, en sauvant les ap-

An de Rome 672.
Sylla dictateur perpétuel.

parences. Les suffrages du peuple établirent un vrai despotisme perpétuel, puisqu'il n'y avoit pas de pouvoir au monde plus arbitraire que celui d'un dictateur.

Ses loix. Sylla fit des loix très-sages, quand il se trouva maître absolu. Il réprima le meurtre & les violences; il rendit au sénat les tribunaux; il y incorpora trois cens chevaliers, pour remplir les vuides que la guerre & les proscriptions y avoient occasionnés; il régla qu'on ne parviendroit à la préture qu'après avoir été questeur, & au consulat qu'après avoir exercé la préture; il prescrivit dix ans d'intervalle d'un consulat à l'autre, selon les anciennes loix; il restreignit la puissance tribunitienne, en défendant aux tribuns de se mêler de la législation, en ordonnant qu'ils fussent tirés du sénat, & qu'ils ne pussent prétendre à une dignité supérieure.

An de Rome 674. On n'imagineroit point qu'après avoir fait périr cent mille citoyens par les armes, quatre-vingt-dix sénateurs, & plus de deux mille six cens chevaliers, par les proscriptions, Sylla voulût & osât abdiquer la dictature. Il le fit; il déclara même qu'il étoit prêt à rendre compte de sa conduite. On le vit ensuite se promener dans la place sans licteurs, avec un petit nombre d'amis. Mais il avoit affranchi & élevé au rang de citoyens dix mille esclaves; il avoit donné des terres dans les colonies à ses vieux soldats; il avoit répandu les bienfaits sur ses partisans, eux seuls étoient en possession des emplois civils & militaires. Les défenseurs ne pouvoient donc lui manquer, & la terreur de son nom lui servoit de gardes. Cependant le jour qu'il abdiqua, un jeune homme eut l'insolence de l'insulter par ses discours. Sans rien répondre, Sylla dit seulement: *Ce jeune homme sera cause qu'un autre, dans une place telle que la mienne, ne pensera point à la quitter.* Les plaisirs & la débauche, auxquels il se livra ensuite plus que
Sa fin. jamais, lui attirerent une maladie pédiculaire, dont il mourut âgé de soixante ans. Il conserva jusqu'à la fin l'activité de son génie, s'occupant encore des affaires publiques, & travaillant à ses mémoires, ouvrage curieux qui n'existe plus.

XXIII.

XXIII.

Sertorius, Spartacus, Pompée.

Sertorius relevoit le parti de Marius en Espagne. Il étoit grand capitaine, grand politique, vertueux autant qu'on peut l'être au milieu des vices & des factions. Après avoir essuyé beaucoup d'infortunes, il se retira chez les Lusitaniens, qui lui confierent le commandement de leurs troupes. Avec une petite armée, il soutint une guerre opiniâtre contre plusieurs généraux romains, qui commandoient plus de cent mille hommes. L'art des campemens, les marches savantes, les stratagêmes, les attaques brusques, faites à propos sans rien hasarder, la discipline jointe au courage, l'admiration & la confiance qu'il inspiroit à ses soldats, sembloient augmenter ses forces dans toutes les occasions.

<small>Sertorius.</small>

Métellus, un des lieutenans de Sylla, lui ayant fait la guerre sans succès, on envoya Pompée en Espagne après la mort du dictateur. Sertorius venoit d'être renforcé par une armée entiere, sous les ordres du factieux Perpenna, qui, cherchant à s'établir dans le pays fut contraint par ses soldats de se joindre à cet illustre général. Pompée & Métellus réunis ne purent jamais le vaincre. Le dernier n'eut pas honte de mettre sa tête à prix. Cent talens & vingt mille arpens de terre devoient être la récompense de l'assassin, & cette politique de brigands exposoit Sertorius à mille trahisons. Il devint sévere; une conspiration se forma autour de lui. Perpenna en étoit le chef, & le fit lâchement égorger dans un festin.

<small>An de Rome 680. Sa fin.</small>

Avec Sertorius tomba toute la force de son parti. Le traître Perpenna, en s'emparant du commandement, ne fit que rendre la victoire facile à Pompée. Il voulut racheter sa vie par une nouvelle trahison: il offrit au vainqueur les papiers de Sertorius, où l'on découvriroit ses liaisons avec les principaux de Rome.

<small>Mort de Perpenna.</small>

98 HISTOIRE ROMAINE.

Conduite de Pompée en Espagne.

Pompée brûla les papiers, & ordonna le supplice de Perpenna. Ensuite il érigea un monument fastueux de ses exploits : il se vantoit par l'inscription d'avoir soumis huit cens soixante & seize villes, depuis les Alpes jusqu'aux extrémités de l'Espagne. Ne cherchons pas d'autre preuve de la vanité de ce fameux capitaine, qui mérita peu le nom de grand homme, malgré ses succès, & qui voulut toujours être sans égal.

Guerre de Spartacus.

Rome accoutumée à vaincre les nations, mais déjà vaincue par leurs vices & leurs richesses, eut encore à soutenir une guerre aussi dangereuse qu'humiliante contre ses propres esclaves. On exerçoit malgré eux au métier de gladiateur un nombre de ces infortunés, que l'injustice du sort avoit réduits en servitude, la plupart Gaulois ou Traces. Soixante & dix-huit rompirent leurs chaînes, ayant pour chef Spartacus, Trace, d'un mérite bien supérieur à sa fortune. Quelques milices envoyées contr'eux furent défaites ; un préteur reçut le même affront à la tête de trois mille hommes. Ces premiers succès attirerent d'autres esclaves. La troupe de Spartacus devint une armée nombreuse, & si formidable, qu'on fit marcher les deux consuls & un préteur pour la combattre. Il les vainquit tous trois avec d'autant plus de gloire, que les Gaulois, s'étant séparés de lui, venoient d'être taillés en pieces par les Romains.

An de Rome 682. Spartacus vaincu.

Déjà il menaçoit Rome ; il pouvoit l'assiéger avec cent vingt mille esclaves soldats. Enfin Crassus, l'un des meilleurs généraux de la république, fut chargé de cette guerre. Spartacus, forcé par les esclaves d'en venir à une action décisive, se conduisit avec autant d'habileté que de valeur. Il tua son cheval au moment que la bataille alloit commencer : *Je n'en manquerai pas*, dit-il, *si je suis vainqueur ; je n'en aurai pas besoin, si je suis vaincu*. La victoire balança long-temps. Les esclaves furent battus ; & ce héros, couvert de blessures, expira dans la mêlée. Les rebelles perdirent quarante mille hommes. Cinq mille fuyards se rallient ; Pompée les défait sans peine. Comme s'il avoit sauvé la république, il écrit au sénat : *Crassus a remporté une victoire sur les esclaves ; mais j'ai coupé jusqu'aux racines de la rebellion*.

Cet ambitieux citoyen tournoit tout à son avantage ; il éblouissoit la multitude, en exagérant ses services ; il vouloit qu'on le crût nécessaire, afin de se rendre tout-puissant ; & il persuada ce qu'il vouloit. Nommé consul, n'ayant que trente-quatre ans, il abolit les meilleures loix de Sylla ; il rendit aux tribuns leur ancien pouvoir ; il devint l'idole du peuple, dont il flattoit les préjugés. Des milliers de pirates, sortis des côtes de Cilicie, infestoient les mers, pilloient jusqu'aux temples, désoloient les provinces, ruinoient le commerce & répandoient la famine. On ne voit que Pompée qui puisse les vaincre. La commission étoit pour trois ans. Les pirates furent détruits ou dissipés en quatre mois. L'enthousiasme populaire augmenta en faveur du général. S'il n'abusa point de sa puissance, c'est qu'il craignoit le soupçon de tyrannie.

Accroissement du pouvoir de Pompée.

XXIV.

Fin de la Guerre de Mithridate.

Depuis le départ de Sylla, Mithridate avoit recommencé deux fois la guerre contre Rome. Nicomede, roi de Bithynie, ayant légué son royaume à la république, vers le temps où Sertorius se signaloit en Espagne, le roi de Pont résolut d'enlever la Bithinie à ce peuple ambitieux. Instruit par l'expérience, il bannit de son armée le faste asiatique ; il y substitua les armes & la discipline des Romains ; enfin il s'étoit formé des soldats, & il étoit grand capitaine.

Conduite de Mithridate après le départ de Sylla.

On envoya contre lui les deux consuls, Cotta & Lucullus. Ce dernier réunissoit au goût des lettres & des sciences tous les talens militaires. Il avoit servi en qualité de questeur sous Sylla. Il débuta comme un grand homme. Il mit un frein à l'avidité des financiers & à la licence des troupes ; il sauva son collegue, battu par Mithridate ; il fit lever à ce prince le siege de Cyzique ; il le chassa de la Bithynie, & ensuite de son

Lucullus en Asie.

royaume. C'eſt alors que le monarque cruel donna ordre d'empoiſonner ſes ſœurs & ſes femmes, la fameuſe Monime en particulier, de peur qu'elles ne tombaſſent entre les mains du vainqueur.

An de Rome 684.

S'étant retiré chez Tigrane, roi d'Arménie, ſon gendre, il l'engagea dans ſa querelle. Lucullus paſſe l'Euphrate & le Tigre ſans peine, parce qu'on ne le croyoit pas aſſez hardi pour le tenter. Il marche aux Arméniens, vingt fois plus forts que lui par le nombre. Quelqu'un obſervant que ce jour-là étoit de mauvais augure, marqué comme tel dans le calendrier: *Hé bien*, dit-il, *j'en ferai un jour heureux.* En effet, il tailla en pieces les ennemis. L'année ſuivante, il paſſa le mont Taurus. Tigrane & Mithridate étoient réunis : il les attaqua & les mit en fuite.

Lucullus, avec des qualités ſublimes, n'avoit pas le talent de ſe faire aimer. Officiers & ſoldats ſouffroient d'autant plus impatiemment ſa hauteur, ſa ſévérité pour le maintien de la diſcipline, que les mœurs corrompues ſe portoient davantage à la licence. Les troupes ſe mutinerent pluſieurs fois. Tigrane & Mithridate, profitant des conjonctures, rentrerent dans leurs royaumes. Une armée romaine fut entiérement défaite, & Lucullus ſe vit abandonné de ſes ſoldats, lorſqu'il s'empreſſoit de réparer ces malheurs.

An de Rome 687. Pompée envoyé à la place de Lucullus.

Dans cette circonſtance ſi favorable à Pompée, le tribun Manilius propoſe de rappeler Lucullus, & d'accorder à Pompée le commandement de la guerre contre Mithridate & Tigrane, en lui laiſſant tout le pouvoir que la loi Gabinia lui avoit donné. Les plus zélés citoyens jetterent un cri d'indignation. Mais Céſar, qui flattoit la multitude pour s'élever lui-même au-deſſus des loix; Cicéron, alors préteur, qui avoit beſoin de l'amitié de Pompée, d'autres perſonnages illuſtres, conduits par des motifs particuliers, ou éblouis par la réputation de ce général, ſoutinrent la loi de Manilius.

De quelle maniere Pompée parut recevoir cette nouvelle.

On voit ici combien les ſoupleſſes de l'ambition ſont quelquefois baſſes & groſſieres. Pompée avoit mis tout en œuvre pour le ſuccès de cette affaire. Quand il en reçut la nouvelle,

il couvrit sa joie d'une apparence de douleur. « Ne jouirai-je
» donc jamais du repos, disoit-il ? ne pourrai-je vivre dans
» la retraite avec une épouse chérie ? Heureux les hommes
» qui passent des jours tranquilles au sein de l'obscurité ! »
Cette hypocrisie choqua même ses amis ; mais le vulgaire en
fut vraisemblablement la dupe.

Si Pompée avoit été digne de sa fortune, il auroit du moins respecté le mérite & les services de Lucullus. Il affecta au contraire de l'humilier, de le décrier sans ménagement. A l'entendre, Lucullus n'avoit eu que des succès faciles, & ne s'étoit proposé que les richesses pour fruit de la guerre. Celui-ci blessé des propos injurieux de son rival, lui reprochoit, avec plus de raison, de vouloir s'approprier toute la gloire d'autrui, de rechercher le commandement contre des ennemis déjà vaincus, & de venir à la fin de chaque guerre enlever au général l'honneur de la terminer. Une entrevue qu'ils eurent ensemble, aigrit leur animosité mutuelle. On décerna cependant le triomphe à Lucullus ; car ses victoires ne pouvoient être oubliées. *Sa conduite à l'égard de Lucullus.*

Il passa le reste de sa vie dans une retraite voluptueuse, mais consacrée à l'étude & au commerce de l'amitié. Personne n'avoit porté aussi loin que lui la magnificence & le luxe, qui, après les conquêtes d'Asie, devoient changer entiérement les mœurs de Rome. Son maître-d'hôtel l'ayant fait servir, un jour qu'il mangeoit seul, moins somptueusement qu'à l'ordinaire, *Ne savois-tu pas*, lui dit-il en se fâchant, *que Lucullus devoit souper aujourd'hui chez Lucullus ?* Voilà un des plus grands hommes de la république métamorphosé, pour ainsi dire, en un satrape de Perse. *Maniere dont vécut Lucullus après son rappel.*

Mithridate affoibli par tant de pertes, abandonné de ses alliés, succomba bientôt sous les efforts d'un ennemi trop supérieur. Il s'enfuit & gagna le Bosphore. Son courage ne l'abandonna point. Il méditoit de porter la guerre jusqu'en Italie, & de suivre les traces d'Annibal, lorsque Pharnace, son fils, excita contre lui une révolte. Le roi, assiégé dans un château par les rebelles, se perça de son épée, après avoir essayé inutile- *Fin de Mithridate.*

ment le poison. Toujours environné d'ennemis domestiques, il eut la gloire de résister près de trente ans aux Romains. A la nouvelle de sa mort, leur joie éclata en transports immodérés, & Pharnace obtint le royaume du Bosphore pour récompense de son parricide.

XXV.

Conjuration de Catilina. Triumvirat de Pompée, Crassus & César.

Conjuration de Catilina. Avant le retour de Pompée, peu s'en fallut que Rome ne fût ensevelie sous ses ruines, par la scélératesse d'une partie de ses citoyens. Catilina, d'une naissance illustre, génie fougueux que nulle entreprise n'effrayoit, capable cependant d'une dissimulation artificieuse, abymé de dettes, noirci de crimes, n'ayant que la ressource du désespoir, forma le projet d'exterminer les sénateurs, & de s'emparer, comme Sylla, de l'autorité souveraine. Les débauchés, les mécontens, les ambitieux entroient en foule dans son parti. Il falloit un grand génie pour sauver la république : la gloire en étoit réservée à Cicéron.

An de Rome 690.
Elle est dissipée.
Cet orateur admirable veilloit sur la république, & rien n'échappoit à sa prudence. Il dévoile au sénat tout le complot. Catilina sort de Rome, après avoir été confondu par l'éloquence de l'orateur. Les autres chefs de la conspiration sont arrêtés, convaincus, condamnés à mort par un décret du sénat, & exécutés de nuit dans les prisons. On marche contre Catilina, qui, avec une troupe de rebelles, alloit soulever la Gaule ; on l'attaque, il se défend avec valeur. Vaincu sans ressource, il se jette au fort de la mêlée, & y meurt percé de coups. C'étoit un de ces hommes nés pour faire de grandes choses, qui, esclaves des passions, ne semblent plus être capables que de grands crimes.

Caractère de César. Jules-César, gendre de Cinna, se préparoit en silence à de

Gab. de St Aubin del. Pelletier sc.

Nº 39.

vastes entreprises. La mollesse, la parure, le libertinage, n'annonçoient dès sa jeunesse qu'un homme de plaisirs, dont Rome n'avoit rien à espérer, ni rien à craindre. On le dépeignit comme tel à Sylla, pour le sauver de la proscription. Le dictateur en jugea mieux : *Ne voyez-vous pas*, dit-il, *dans ce jeune homme plus d'un Marius ?* César s'enfuit alors. Dès qu'il put entrer dans la carriere de l'ambition, il y parut avec tous les avantages de l'éloquence & d'une profonde politique.

Pour s'attacher le peuple, il épuisa son patrimoine en profusions, en spectacles. Il acheta impunément les dignités, il ranima les restes du parti de Marius. Toute son ame se portoit aux honneurs & à la gloire. Lisant un jour la vie d'Alexandre : *Hélas !* dit-il les larmes aux yeux, *Alexandre avoit conquis à mon âge tant de royaumes, & moi je n'ai rien fait encore de mémorable !* Une autre fois, traversant une petite bourgade des Alpes, & entendant quelqu'un de sa suite demander d'un ton moqueur, si l'on briguoit aussi les charges en cet endroit, il répondit : *J'aimerois mieux être ici le premier, que le second à Rome.*

<small>Son ambition.</small>

Le triomphe de Pompée, différé pendant plusieurs mois, pour avoir le tems d'en rassembler tout l'appareil, se célébra enfin le 28 & le 29 septembre ; le dernier de ces deux jours étoit celui de la naissance du triomphateur. On prit deux jours pour cette pompe, à cause de la multitude immense des dépouilles, & des monumens de la gloire de Pompée, qui devoient en faire l'ornement. Les richesses qui furent étalées dans ce triomphe ont quelque chose de prodigieux, & elles ajouterent un nouveau degré au luxe & à la corruption des mœurs romaines; particuliérement en ce qui regarde les pierreries, qui, jusques-là avoient été peu connues dans Rome. En genre de curiosité naturelle, l'arbre d'ébene qui n'avoit jamais été vu à Rome, y parut pour la premiere fois. Dans ce triomphe, les gratifications faites par le triomphateur aux officiers & aux soldats étoient exprimées sur un tableau, que l'on fit passer en pompe. A tout cet étalage d'opulence se joignoit un appareil plus militaire : des charriots remplis d'armes de toute

<small>An de Rome 691. Pl. XXXIX. Triomphe de Pompée dans Rome, à l'imitation de celui de Paul-Emile.</small>

espece, des éperons de vaisseaux, une grande multitude de prisonniers de guerre, non chargés de chaînes, mais laissés à leur liberté, & équipés chacun à la mode de sa nation. Immédiatement avant le char du triomphateur, marchoient les rois, princes & grands seigneurs, qui avoient été pris par les armes, ou donnés en ôtage, au nombre de trois cens vingt-quatre ; enfin paroissoit Pompée lui-même, sur un char tout brillant de pierreries, revêtu d'une casaque militaire, que l'on disoit être celle d'Alexandre. Ce dernier triomphe confirma pleinement à Pompée, le surnom de *Grand* ; tout le peuple assemblé le lui donna par acclamation, & il étoit en effet alors le plus grand des Romains. On remarquoit comme une gloire singuliere & unique, que dans ses trois triomphes il avoit fait passer successivement sous les yeux des Romains les trois parties du monde connu ; car l'Afrique lui avoit fourni la matiere de son premier triomphe, l'Europe du second, & l'Asie du troisiéme : ensorte que ses victoires sembloient embrasser tout l'univers.

An de Rome 693. Rivalité entre Pompée & Crassus.

Pompée, de retour à Rome, accoutumé au commandement & aux succès, ne vouloit souffrir, ni supérieur, ni égal. Il trouva dans Crassus un adversaire, à qui des richesses prodigieuses attachoient une infinité de partisans. Ces deux rivaux se haïssoient ; la balance flottoit entr'eux dans le sénat. César voulant être consul, ayant besoin de l'un & de l'autre, les réconcilia, & vint à bout, par cette union, de cimenter son intérêt de tout leur crédit.

Politique de César.

A peine César eut-il obtenu le consulat, par le moyen de Pompée & de Crassus, qu'il proposa une loi agraire, pour se rendre le peuple plus favorable. Il donne sa fille en mariage à Pompée, de peur que les républicains zélés ne lui enlevent cet appui. Craignant le zele & l'éloquence de Cicéron, il procure le tribunat au séditieux Clodius, ennemi mortel de l'orateur. Enfin il se fait donner pour cinq ans le gouvernement des Gaules & quatre légions, prévoyant que le pouvoir militaire le mettroit en état d'exécuter tous ses desseins.

Exil de Cicéron.

Bientôt après, Clodius propose une loi, pour déclarer criminel

PREMIER TRIUMVIRAT.

minel d'état quiconque a fait mourir un citoyen avant le jugement du peuple. C'étoit une batterie dreſſée contre Cicéron. Les complices de Catilina avoient été mis à mort, ſans que le peuple eût prononcé leur jugement ; mais Cicéron n'avoit agi que par l'ordre du ſénat, & la néceſſité des conjonctures juſtifioit ſa conduite. Dès qu'il ſe vit attaqué, la foibleſſe de ſon caractere trahit ſon génie. Abattu, ſuppliant, en habit de deuil, il ſollicita du ſecours & n'en trouva point. L'ingrat Pompée lui ferma ſa porte. Cicéron prévint le décret de ſon exil, il ſe retira en Grece. Mais Pompée le fit bientôt rappeler par un motif d'intérêt. Il fut comblé d'honneurs à ſon retour ; il traverſa l'Italie comme en triomphe : on rebâtit ſes maiſons aux frais de l'état.

Comme les triumvirs avoient beſoin les uns des autres, ils s'unirent par de nouveaux engagemens. Pompée & Craſſus obtinrent le conſulat & des gouvernemens conſidérables pour cinq années. Les amis de Céſar n'y conſentirent qu'en le faiſant continuer, pour cinq ans auſſi, dans ſon gouvernement des Gaules. Ces trois généraux furent autoriſés à lever autant de troupes, & à exiger des rois & des peuples alliés de Rome, autant d'argent & de ſecours qu'ils le jugeroient convenable. *Augmentation du pouvoir des Triumvirs.*

Craſſus, qui accumuloit tréſors ſur tréſors, qui diſoit qu'un citoyen n'étoit point riche, s'il n'avoit de quoi entretenir une armée, ſe hâta de paſſer en Aſie, où il eſpéroit d'aſſouvir ſa cupidité. Après avoir pillé le temple de Jéruſalem, il s'engagea dans une expédition imprudente contre les Parthes, ſans aucun autre motif de guerre que leurs richeſſes. L'armée romaine fut taillée en pieces, & Craſſus tué avec ſon fils. Il avoit tenu la balance entre Céſar & Pompée : ſa mort devoit exciter la diſcorde. On ne voyoit à Rome que factions, que déſordres de toute eſpece. Tout s'y vendoit publiquement, la violence accompagnoit la brigue. Milon tua Clodius, & ce meurtre fut un ſignal de combat. *An de Rome 700. Fin de Craſſus.*

O

XXVI.

Conquête des Gaules. Pompée se brouille avec César. Guerre civile.

<small>Succès de César dans la Gaule.</small> CESAR, en moins de dix ans, avoit dompté les Helvétiens, vaincu Ariovifte, un des rois de Germanie, subjugué les Belges, réduit en province romaine toute la Gaule, & porté la terreur de ses armes jusques dans la Grande-Bretagne. On compte parmi ses exploits huit cens places prises, trois cens peuples assujettis, trois millions d'hommes défaits en plusieurs batailles. Les Gaulois étoient pleins de courage, mais divisés en petits états, sous des chefs qui avoient peu d'autorité. Il les assujettit, non-seulement par sa valeur & par ses talens militaires, mais par son adroite politique, en fomentant leurs dissentions, & les armant les uns contre les autres.

Intrépide, sobre, infatigable, toujours prêt à combattre, toujours attentif aux affaires, en même-temps qu'il poursuivoit les ennemis, il veilloit sur les intrigues de Rome. Il répandoit l'or à pleines mains pour acheter les suffrages, pour se faire des créatures.

<small>Cause de la guerre civile.</small> Le terme de son gouvernement approchoit. En lui ôtant le commandement militaire, on l'eut remis au niveau des citoyens. C'étoit l'espérance de Pompée, qui sollicitoit sous main son rappel. Mais le tribun Curion, vendu à César, proposa, ou de continuer, ou de révoquer ces deux généraux, tous deux également capables d'inspirer de l'inquiétude à la république. César offrit d'abdiquer, pourvu que son rival abdiquât. Celui-ci, persuadé que les troupes de César abandonneroient leur général, portoit sa confiance jusqu'à dire, *qu'il n'avoit qu'à frapper la terre du pied, pour en faire sortir une armée.*

Après quelques négociations, il rejetta tout accommode-

CÉSAR ET POMPÉE.

ment, & rendit inévitable la guerre civile. De son côté étoient les consuls & le sénat ; de l'autre, le peuple & une armée victorieuse, sous les ordres du plus grand capitaine qui fut jamais.

On avoit déclaré César ennemi de Rome, s'il refusoit de quitter le commandement ; on avoit chargé Pompée de la défense de la république, quoiqu'il ne fût pas consul. Quand César fut au bord du Rubicon, petite riviere qui sépare la Gaule Cisalpine du reste de l'Italie, il hésita : *Si je ne passe point*, dit-il, *je suis perdu ; si je passe, de quels malheurs Rome est menacée !* Mais réfléchissant sur la haine de ses adversaires, il s'écrie : *Le sort en est jetté*. Il passe la riviere, court s'emparer de Rimini, répand l'alarme jusques dans Rome. Le sénat déclare qu'il y a *tumulte*, c'est-à-dire, que la ville est en danger, & que les citoyens doivent tous prendre les armes. *An de Rome 704. César au bord du Rubicon.*

Rien n'étoit prêt contre un ennemi si actif & si redoutable. Pompée abandonne la ville & l'Italie. César, après s'être emparé du trésor public, va soumettre l'Espagne, où le parti contraire étoit puissant. Il revient victorieux. Il poursuit son rival en Macédoine, il remporte à Pharsale une victoire décisive. Le vainqueur trouva dans le camp ennemi tout l'attirail d'un luxe asiatique. Il jetta au feu les papiers de Pompée, sans en lire aucun. *J'aime mieux*, dit-il, *ignorer des crimes, que d'être obligé de les punir*. Il soupira profondément, à la vue du champ de bataille couvert de morts ; & du moins il s'efforça de réparer, par sa clémence, les maux qu'il avoit faits malgré lui. *Ses succès.* *An de Rome 705.*

Ce fameux Pompée, si long-tems le maître de la république, maintenant vaincu, fugitif, errant au hasard, prend enfin la route de l'Egypte, où il avoit rétabli Ptolémée-Aulete, détrôné par les Alexandrins. Il se flattoit d'éprouver la reconnoissance du jeune Ptolémée, fils & successeur d'Aulete. Mais l'infortune laisse peu d'amis. César le poursuivoit avec ardeur. La cour d'Egypte balança sur le parti qu'on devoit prendre. On suivit le conseil de Théodote, lâche rhéteur, *Sort de Pompée après la bataille de Pharsale.*

O ij

qui persuada une trahison & un meurtre, comme le seul moyen de plaire à César. On assassina Pompée, en lui tendant les bras pour le recevoir. On présenta sa tête à son ennemi; mais au lieu de la joie qu'on attendoit, il ne témoigna que de l'indignation & de la douleur.

Autres exploits de César.

Cléopâtre, sœur & femme du roi d'Egypte, avoit droit de partager avec lui la couronne, selon les dispositions de leur pere. Elle soutenoit ce droit par les armes. César la mit sur le trône. Il courut les plus grands périls dans la guerre d'Alexandrie, qui coûta la vie au roi (*). Il marcha ensuite contre Pharnace, fils de Mithridate & roi du Bosphore, dont les conquêtes s'étendoient en Asie. Il rendit compte en trois mots de son expédition : *Je suis venu, j'ai vu, j'ai vaincu.*

Pendant son séjour en Egypte, où un amour imprudent lui avoit fait négliger ses intérêts, les fils de Pompée, Caton, Scipion, & d'autres républicains, avoient rassemblé des forces en Afrique, où ils se préparoient à une vigoureuse défense. Ayant passé la mer, il gagna coup sur coup trois batailles.

Mort de Caton d'Utique.

Caton avoit inutilement conseillé de ne point courir les risques d'une défaite. Renfermé dans Utique, il sembloit y faire revivre le sénat de Rome & la liberté. Ses espérances s'évanouissent bientôt. Il voit le découragement répandu partout; il invite ses amis à prendre la fuite, ou à implorer la clémence du vainqueur. Pour lui, résolu de ne point survivre à la liberté de sa patrie, après avoir conversé tranquillement avec deux philosophes, & avoir lu le dialogue de Platon sur l'immortalité de l'ame, il essaie la pointe de son épée, & dit : *Je suis enfin mon maître.* Il s'endort; il se perce à son réveil. On accourt au bruit, on panse sa blessure; il la rouvre lui-même, & expire. César, à cette nouvelle, s'écria : *O Caton, je t'envie ta mort, puisque tu m'as envié la gloire de te conserver la vie!*

Sa vertu outrée.

Si Caton n'avoit pas été enthousiaste dans la vertu, & qu'au

(*) Un incendie consuma alors, en grande partie, la fameuse bibliotheque des Ptolémées.

lieu de heurter avec rudesse les mœurs de son siécle, il eût cherché, par des moyens praticables, à en corriger les désordres, son patriotisme & sa grandeur d'ame auroient pu produire beaucoup de bien ou empêcher beaucoup de mal: mais sa rigidité fut rarement utile, quelquefois pernicieuse. Ce n'étoit plus le tems des Fabricius. On reproche aussi à Caton des excès de singularité, qui annoncent moins de raison que de caprice ou d'enthousiasme. Il affectoit de se montrer en public sans les vêtemens ordinaires, pour s'accoutumer, disoit-il, à n'avoir honte que de ce qui est véritablement honteux.

XXVII.

César maître de la république. Sa mort.

LES honneurs prodigués à César, après son retour, prouvent assez qu'il n'y avoit plus qu'une ombre de république. On remercia solemnellement les dieux de ses victoires; on prolongea sa dictature pour dix ans, & ensuite pour toute sa vie; on lui donna le titre de réformateur des mœurs; on déclara sa personne sacrée & inviolable; on mit sa statue dans le Capitole à côté de celle de Jupiter, avec cette inscription sacrilége: *A César demi-dieu.* On lui décerna quatre triomphes en un mois, où furent étalés des vases d'or & d'argent estimés soixante-cinq mille talens. Honneurs accordés à César.

La douceur de César, son application au gouvernement & la sagesse de ses loix, étoient les meilleurs moyens de colorer ses entreprises ambitieuses. Il rétablit l'ordre dans Rome; il y attira des citoyens; il ranima la population par des récompenses; il réprima les excès du luxe; il borna la durée des gouvernemens à un an pour les préteurs, & à deux pour les consulaires. Son gouvernement.

En qualité de souverain pontife, il réforma le calendrier, où les pontifes, soit par ignorance, soit par intérêt, avoient Il réforme le calendrier.

mis une affreuse confusion. L'année étoit de douze mois lunaires : on devoit intercaler de deux en deux ans un mois de vingt-deux ou de vingt-trois jours, alternativement ; mais on faisoit l'intercalation, ou on l'omettoit au gré des circonstances, tantôt pour abréger, tantôt pour prolonger le tems des magistratures. Ainsi tout ordre étoit renversé. Sosigene, astronome d'Alexandrie, porta la lumière dans ce chaos ; & César établit l'année solaire de trois cens soixante-cinq jours, avec un jour d'intercalation au bout de quatre ans. La premiere année, il fallut, outre le mois intercalaire, ajouter soixante-sept jours.

Sa conduite en Espagne & à son retour.

Les deux fils de Pompée ayant relevé leur parti en Espagne, César y accourut, & porta le dernier coup à la liberté, par sa victoire de Munda. On le vit rentrer à Rome en triomphe, comme s'il eût vaincu les ennemis de la république. Alors, nommé dictateur perpétuel & empereur, il travailla plus que jamais à se concilier les cœurs & les esprits. Il renvoya même ses gardes ; il fit relever les statues de Pompée ; il augmenta le nombre des magistratures, pour multiplier les récompenses, & plusieurs de ses anciens ennemis eurent part à ses bienfaits.

An de Rome 709.
Cause de la conspiration contre César.

Cependant les zélés républicains abhorroient une puissance destructive de la république. Le dictateur les irrita, ou par orgueil, ou par imprudence. Un jour que le sénat en corps vint lui déférer de nouveaux honneurs, il ne se leva point de son tribunal. Cette marque de mépris offensa même le peuple. Quelque temps après, Marc-Antoine, son collegue dans le consulat, lui offrit publiquement un diadême. On applaudit au refus qu'en fit César : mais son intention étoit de sonder les sentimens du public ; & l'on sut bientôt qu'il ambitionnoit le titre de roi, si détesté par la nation.

Chefs de cette conspiration.

La conspiration se forma. Cassius en étoit le chef. Il y engagea Marcus-Brutus, descendant du premier consul, gendre & imitateur de Caton. César l'aimoit comme son fils, & l'avoit comblé de graces, après lui avoir sauvé la vie. Des billets anonymes, que Brutus, alors préteur, trouva sur son

Gabriel de St Aubin del. 1764.	P. Chenu Sculp.

N°. 40.

tribunal, réveillerent dans son ame les sentimens républicains: *Tu dors, Brutus*, lui marquoit-on; *tu n'es plus le même*. Cassius acheva de le persuader par ses entretiens.

Porcia, fille de Caton, épouse de Brutus, s'apperçut que son mari étoit vivement agité, & lui cachoit quelque chose d'important. Elle obtint la confidence qu'elle souhaitoit; elle s'étoit fait une blessure à la cuisse, pour essayer si elle pourroit soutenir la torture, en cas de besoin. *Fasse le ciel*, s'écria Brutus, *que je me montre le digne époux de Porcia!*

On devoit assassiner le dictateur en plein sénat, lorsqu'il étoit sur le point de porter la guerre en Asie contre les Parthes, pour venger la défaite de Crassus. Des soupçons, des pressentimens, le firent balancer s'il se rendroit à l'assemblée. Mais s'imaginant qu'on n'oseroit pas attenter sur sa personne, il s'exposa au danger sans précaution. Les conjurés tirent leurs poignards, le percent de coups. A la vue de Brutus il s'écrie: *Et toi aussi, mon fils Brutus!* Il cesse alors de se défendre; & se couvrant le visage de sa robe, il reçoit la mort en homme qui ne doit plus regretter la vie. Ce héros avoit cinquante-cinq ans. Mort de César.

Dès que César eut expiré, ses meurtriers parcoururent la ville le poignard à la main, criant que le roi de Rome n'étoit plus. Quelques patriciens se joignirent à eux, mais le peuple ne témoigna que de la consternation & des regrets. Trompés dans leur attente, ils se retirent au capitole. Le consul Marc-Antoine fit lire le testament de César, où quelques-uns de ses meurtriers étoient nommés avec honneur, & où le peuple romain avoit des legs considérables. La tendresse, la reconnoissance pénétrant les cœurs, il acheva de les embraser par l'éloge de ce grand homme, par le récit de ses exploits, par la peinture de ses vertus; il déploya sa robe ensanglantée; il montra les blessures qu'il avoit reçues de ses assassins; car le cadavre étoit exposé pour les obseques. L'impression fût telle, que la populace en furie vouloit mettre le feu aux maisons des conjurés. Ceux-ci sortirent de Rome. César avoit joui des honneurs divins pendant sa vie, on les lui décerna encore après sa mort.

Soulevement du peuple contre les meurtriers de César.

Planche XL. Pompe funebre & apothéose de César.

XXVIII.

Octavius. Triumvirat. Bataille de Philippes.

<small>Octave.</small> UN jeune homme de dix-huit ans parut tout à coup sur la scene, pour jouer le premier rôle. C'étoit Octavius, petit-fils de Julie, sœur de César. Le dictateur, son grand oncle, l'avoit adopté en lui laissant les trois quarts de sa succession. Il étudioit l'éloquence à Apollonie sur les côtes d'Epire, quand il apprit le tragique événement qui changeoit la face des affaires. On lui conseilla de dissimuler, d'attendre, de renoncer même à l'adoption & à l'héritage. Trop ambitieux pour suivre ce conseil, il se rendit à Rome ; il se déclara l'héritier de César. Antoine ayant refusé de lui remettre l'argent du dictateur, il vendit son patrimoine pour acquitter les legs contenus dans le testament ; moyen infaillible de s'attacher le peuple, & de l'irriter contre un homme qui, en offensant le fils, paroissoit ingrat envers le pere & injuste envers la nation.

<small>Conduite d'Antoine & d'Octave.</small> Antoine & Octavius se reconcilierent, se brouillerent plusieurs fois. Celui-ci vouloit venger la mort de César ; celui-là sembloit aussi le desirer, parce que la multitude le souhaitoit ; mais au fond il ne cherchoit qu'à s'agrandir. Leurs intérêts incompatibles produisirent enfin une guerre. Cicéron moins sage que ceux qui resterent neutres, embrassa le parti d'Octavius, se déchaîna contre Antoine, & s'attira ce reproche de Brutus, qu'il *cherchoit moins la liberté de sa patrie, qu'un bon maître pour lui-même.*

<small>Caractere de Cicéron.</small> Le portrait que Montesquieu a tracé de cet illustre orateur, expliquera le secret de ses démarches. « Je crois, dit-
» il, que si Caton s'étoit réservé pour la république, il au-
» roit donné aux choses tout un autre tour. Cicéron, avec
» des parties admirables pour un second rôle, étoit incapable
» du

SECOND TRIUMVIRAT. 113

» du premier ; il avoit un beau génie ; mais une ame souvent
» commune. L'accessoire chez Cicéron, c'étoit la vertu : chez
» Caton, c'étoit la gloire. Cicéron se voyoit toujours le
» premier, Caton s'oublioit toujours. Celui-ci vouloit sauver
» la république pour elle-même, celui-là pour s'en vanter.

Tant de sensibilité à la vaine gloire est certainement d'une ame foible, que de petits motifs peuvent entraîner à de grandes fautes. D'ailleurs Cicéron, en élevant le jeune César, croyoit se ménager un appui. Ses éloquentes philippiques sont fort suspectes de passion, & n'en sont pas moins, comme celles de Démosthène, d'excellens modeles pour les orateurs, hommes d'état.

Déjà Antoine assiégeoit Décimus-Brutus dans Modene. Cicéron le fait déclarer ennemi de la patrie, s'il ne leve incessamment le siége, & s'il ne sort de la Gaule cisalpine. Le décret du sénat étant méprisé, les deux consuls, Hirtius & Pansa, reçoivent ordre de le combattre, & Octavius de se joindre à eux. Pansa est battu & tué. Hirtius périt en gagnant une bataille. Antoine, obligé de fuir, passe dans la Gaule transalpine, où commandoit Lépidus. Il se montre en habit de deuil aux soldats ; il les touche de compassion. Ces troupes le proclament leur général ; & Lépidus est ainsi forcé de se déclarer en sa faveur, pour ne pas être lui-même abandonné sans retour. *Premiers événemens de la guerre civile.*

Après la défaite d'Antoine, le sénat avoit cessé de ménager le jeune César. On avoit donné à Décimus le commandement de l'armée. Le parti républicain se ranimoit. Octavius sentit qu'il étoit tems de lever le masque. Il unit ses intérêts à ceux d'Antoine & de Lépidus ; il marcha vers Rome à la tête d'une armée ; il se fit élire consul, quoiqu'il eût à peine vingt ans. *An de Rome 710. Second triumvirat.*

Brutus & Cassius s'étoient retirés, l'un en Grece, l'autre en Asie. La victoire y avoit fortifié leur parti, & l'on comptoit vingt légions sous leurs ordres. Le premier soin du jeune consul fut de les faire condamner, avec tous les meurtriers de César. Comme il ne pouvoit les vaincre sans le secours d'Antoine & de Lépidus, le décret porté contre ces derniers *Conventions des triumvirs.*

P

par le sénat, fut aussi-tôt révoqué. Octavius les joignit près de Modene. Leur conférence dura trois jours. Ils convinrent de partager entr'eux le pouvoir suprême pour cinq ans, sous le nom de triumvirs; que Lépidus demeureroit à Rome, tandis qu'Octavius & Antoine feroient la guerre aux conjurés; qu'auparavant ils extermineroient leurs ennemis par une proscription, qui leur procureroit des fonds pour l'entretien de leurs troupes.

<small>Proscription des triumvirs.</small>

Il seroit impossible de peindre l'atrocité de cette proscription. Les tyrans commencent par sacrifier les uns aux autres les têtes de leurs proches & de leurs amis; Lépidus, celle de son frere; Antoine, celle son oncle; Octavius, celle de Cicéron, qui l'avoit trop bien secondé. On défend, sous peine de mort, de secourir ou de cacher aucun des proscrits; on promet récompense à quiconque les tuera, & même le droit de citoyens aux esclaves assassins de leurs maîtres. A la vue de la tête de Cicéron, tué par un tribun que son éloquence avoit sauvé, Antoine triompha de joie. Trois cens sénateurs & plus de deux mille chevaliers furent égorgés. Les richesses étoient un crime pour ceux qu'on n'avoit nulle raison de haïr. Cependant les biens confisqués ne suffisant pas encore, on mit une taxe sur les meres, les filles, les parens des proscrits.

<small>Leur conduite après ces massacres.</small>

Rassassiés de massacres & de rapines, les triumvirs hâterent l'exécution de leur projet contre les républicains. Lépidus garda Rome. Ses deux collegues passerent en Macédoine, où Brutus & Cassius se réunirent. Jamais il n'y avoit eu d'armées romaines aussi nombreuses, que celles qui alloient décider du sort de la république. C'étoient de part & d'autre plus de cent mille hommes, accoutumés aux combats, & animés de l'ardeur qu'inspirent l'ambition ou la liberté. Cassius vouloit éviter une bataille, parce que les ennemis, faute de vivres, devoient se détruire d'eux-mêmes. Cet avis prudent ne fut point celui de Brutus. Les soldats regardoient comme une lâcheté de ne point combattre; ils murmuroient; ils désertoient; leur impatience décida les officiers & les généraux.

<small>An de Rome 711. Bataille de Philippes.</small>

La bataille de Philippes, sur les confins de la Macédoine &

de la Thrace, fut la ruine du parti républicain. Octavius, lâche un jour d'action autant que hardi dans le cabinet, se cacha, sous prétexte d'infirmité. Brutus mit en déroute ses légions. Mais tandis que le vainqueur poursuivoit les fuyards avec trop peu de prévoyance, Antoine enfonça & dissipa les troupes de Cassius. Celui-ci, ignorant la victoire de son collegue, se fit tuer par un de ses affranchis. Les deux armées retournent dans leur camp. Celle des triumvirs est exposée à manquer de tout. Brutus alors se regle sur le plan de Cassius. Le succès en eut été infaillible, si la mutinerie des soldats ne l'avoit contraint de hasarder une seconde bataille. Il la perdit, après avoir entiérement défait l'aîle que commandoit Octavius; & croyant la liberté anéantie, il se tua d'un coup d'épée, à l'exemple de son collegue. Ces deux généraux ont été appelés honorablement les derniers Romains.

XXIX.

Fautes d'Antoine. Bataille d'Actium.

ANTOINE étant en Cilicie, cita devant lui la reine d'Egypte, Cléopâtre, qui avoit tenu pendant la guerre une conduite équivoque. Cette princesse comparut, dans l'appareil d'une Vénus triomphante, & le captiva par ses charmes. Il s'endormit au sein de l'amour; il oublia tout le reste. Octavius, uniquement occupé de ses propres intérêts, & résolu de regner seul, profita d'une passion si aveugle. Il saisit d'abord un prétexte pour se débarrasser de Lépidus, homme sans mérite, dont l'élévation étonnante sembloit n'être qu'un caprice de la fortune. Ce triumvir s'humilia devant lui, demanda la vie, & fut content de la finir dans le mépris & l'obscurité. <small>Les triumvirs après la victoire.</small>

Antoine pouvoit seul disputer l'empire à son collegue; il lui en facilita au contraire l'usurpation; il se perdit lui-même par un enchaînement de fautes énormes, <small>Fautes d'Antoine.</small>

Politique d'Octave.

Fulvie, épouse d'Antoine, l'avoit brouillé avec Octavius, pour le retirer des mains de Cléopâtre. Ce fut la cause d'une petite guerre, dont Pérouse fut la victime. La réconciliation s'étoit faite, & ils avoient partagé entr'eux toutes les provinces. Antoine quitta sans raison l'Italie, où il étoit revenu. Les Athéniens, chez qui il voulut passer l'hiver, le reçurent comme un dieu, & lui offrirent leur déesse Minerve en mariage : il récompensa leur flatterie, en exigeant deux mille talens pour la dot. Au retour d'une expédition inutile contre les Parthes, il se rend odieux & méprisable par de nouveaux excès. Il proclame Cléopâtre reine d'Egypte, de Chypre, d'Afrique, de Célé-Syrie : il prodigue les provinces & les royaumes aux enfans nés de leurs amours ; il déshonore à chaque instant le nom romain. Octavius saisit habilement les occasions de le décrier, & l'accuse enfin devant le sénat. On se détermine à la guerre. Antoine s'y prépare au milieu des baladins & des plaisirs. Plusieurs de ses amis l'abandonnent, indignés de sa conduite avec Cléopâtre. Le faste & les hauteurs de cette reine augmentoient l'indignation.

An. de Rome 722. Bataille d'Actium & ses suites.

Les deux rivaux se déchirent par des invectives, avant de décider leur querelle par les armes. Enfin la bataille navale d'Actium fixe la destinée de l'empire. Cléopâtre avoit déterminé Antoine à combattre sur mer, quoiqu'il eût la supériorité sur terre. Elle s'enfuit avec ses galeres pendant le combat. Son amant s'oublie lui-même, & abandonne tout pour la suivre. Octavius, ou plutôt Agrippa, son général, remporte la victoire. L'armée de terre d'Antoine, composée de dix-neuf légions & de douze mille chevaux, l'ayant attendu en vain, passe sous les drapeaux du vainqueur. L'Egypte fut bientôt soumise. Antoine se tua l'année suivante à Alexandrie. Cléopâtre étoit réservée pour l'ornement du triomphe ; mais elle évita cet opprobre en mourant avec courage, soit par la piquure d'un aspic, soit par quelqu'autre poison. Ainsi le petit-neveu de César, à force de ruses & de souplesse, d'audace & de cruauté, parvint à la suprême puissance où il aspiroit dès sa jeunesse. Rome perdit pour toujours la liberté.

VUE PERSPECTIVE DU GRAND CIRQUE DE ROME.

BATAILLE D'ACTIUM. 117

Cette fameuse république fut anéantie. Il n'en resta qu'une ombre, qui flattoit l'orgueil des Romains.

Toutes les charges avoient perdu leur lustre & leur éclat sous le gouvernement triumviral qui absorboit toute la puissance publique : & en particulier l'édilité, chargée de dépenses prodigieuses à cause des jeux qu'il falloit donner au peuple, tomba dans un tel discrédit, qu'il y eut une année qui se passa sans édiles, parce que personne ne voulut d'un titre sans pouvoir & onéreux. Agrippa entreprit de relever cette magistrature de son avilissement en la prenant lui-même, & quoiqu'il eût été consul, il ne dédaigna point une place beaucoup inférieure, persuadé qu'il n'y perdroit rien, & que la charge y gagneroit. Il s'en acquitta avec beaucoup de distinction, par des édifices publics, qu'il répara ou construisit à neuf, & tous ces ouvrages étoient ornés & décorés richement & avec goût. *Edilité d'Agrippa.*

Le grand cirque bâti par Tarquin l'ancien, dans la vallée *Murcia*, entre le mont Aventin & le mont Palatin, fut embelli par ses soins & successivement par plusieurs empereurs. Il pouvoit contenir selon quelques auteurs 150000 spectateurs & selon d'autres jusqu'à 260000. On y représentoit des courses de chariots, des courses à cheval, des courses à pied, des combats de bêtes féroces. *Planche XLI. Cirque.*

Le dehors de cet édifice étoit décoré de deux ordres d'architecture & d'un attique; le rez-de-chaussée étoit occupé par des boutiques; le dedans étoit orné d'un ordre d'architecture formant un portique au premier étage, & au-dessous de cet ordre étoient les rangs de gradins pour les spectateurs. Au bas des gradins couloit un ruisseau de 9 ou 10 pieds de largeur sur autant de profondeur, que l'on nommoit *Euripe*, dont le but étoit de défendre les spectateurs de l'approche des bêtes féroces, lors de leurs combats. *Description du Cirque tant en dehors qu'en dedans.*

Au milieu étoit le stade orné de nombre de figures, d'obélisques, de colonnes, &c. On y voyoit d'abord un petit temple *A*, dédié à Vénus, avec un autel *B*, dédié à Consus; puis les trois bornes *C*, entre lesquelles il falloit *Description du stade.*

passer en faisant le tour du stade. En avançant successivement étoit l'autel des Lares *D*, puis deux colonnes & un fronton formant l'entrée d'un temple *E* ; un autre morceau semblable, mais moins haut dédié à la déesse tutélaire *F*, avec un autel *G* ; une colonne *H*, portant la statue de la victoire ; un autre autel *I* ; quatre colonnes *L*, surmontées de dauphins, formant un temple à Neptune : la statue de Cybele assise sur un lion *M* ; un obélisque *N* ; le temple du soleil *O* ; un trépied *P* ; un bâtiment à colonnes *Q*, couronné de pierres rondes & dorées qu'on appeloit les œufs des courses, qui, posées à l'extrémité de la carriere, & se faisant appercevoir de loin, dirigeoient les conducteurs des chariots, & leur marquoient l'endroit où il falloit tourner pour revenir au point d'où ils étoient partis. La colonne *R*, portoit une statue de la Fortune. *S*, étoit l'autel des grands Dieux. L'obélisque *T*, plus petit que le précédent, étoit consacré à la Lune. Les trois bornes semblables à celles *C*, terminoient le stade.

Cet édifice dura jusqu'à Antonin le pieux, & fut rasé par la suite entiérement sans qu'on sache à quelle occasion.

TROISIEME EPOQUE.
LES EMPEREURS.

I.
AUGUSTE.

Auguste, (c'est le nom qu'Octavius se fit donner par le sénat,) n'avoit rien plus à cœur que d'affermir sa puissance, & en même-tems de se garantir, par une feinte modération, des coups qui avoient précipité César dans le tombeau. Il affecte de vouloir abdiquer; il consulte Agrippa & Mécene, ses deux confidens. Le premier, en généreux citoyen, lui conseille d'exécuter ce noble dessein ; le second, en habile courtisan, lui prouve que la sûreté de sa personne & le bien public doivent l'en dissuader. Auguste se rend à cet avis, qui sans doute, étoit le sien. Après avoir cassé tous les actes du triumvirat, & donné quelques preuves d'un sage gouvernement, il déclara qu'il remettoit au sénat & au peuple la souveraine puissance. Ses mesures étoient bien prises, & il comptoit sur un refus. On le supplia en effet de ne point quitter les rênes de la république ; on obtint qu'il se chargeroit encore pour dix ans de ce fardeau. Il se réserva d'abdiquer plutôt, si l'on pouvoit se passer de lui. Selon toute apparence, la plupart des sénateurs pénétroient ses intentions ; toute sa conduite passée les faisoit assez connoître.

<small>An de Rome 725. Conduite d'Auguste après la bataille d'Actium.</small>

Attentif à déguiser la monarchie sous les dehors du gouvernement républicain, Auguste partage les provinces avec le

<small>Son art pour affermir son pouvoir.</small>

sénat, & lui assigne adroitement les plus tranquilles, c'est-à-dire, celles où il n'y avoit point d'armées. La force militaire demeure ainsi entre ses mains. Loin de révolter les esprits en affectant le titre de roi, il ne prend pas même la qualité de dictateur ; il se contente d'être nommé empereur ; titre honorable, mais sans pouvoir, au tems de la république. A ce titre fut attaché, comme du tems de César, le commandement des troupes, joint au droit de guerre & de paix. Revêtu de la puissance consulaire & proconsulaire ; de la puissance tribunitienne, sans être tribun ; de la censure, sous le titre de réformateur des mœurs ; du grand pontificat si considérable par l'influence de la religion, Auguste est le maître de tout, & cache son despotisme. On ajoute à ses titres celui de pere de la patrie.

Il laisse au sénat les anciennes charges, les anciennes décorations ; mais il augmente beaucoup le nombre même des sénateurs, pour y mettre des hommes esclaves de ses volontés. Il caresse & flatte le peuple, lui donne des fêtes, lui procure l'abondance, & le fait assembler à l'ordinaire pour l'élection des magistrats ; mais il gouverne les comices & rien ne se décide qu'à son gré. Tel fut le gouvernement des empereurs. Ils agirent toujours en souverains, quoique la souveraineté semblât toujours appartenir au peuple & au sénat.

Conduite privée d'Auguste.

La conduite privée d'Auguste, sa modestie extérieure, son affabilité, ses bienfaits, lui furent sans doute fort utiles. Il savoit se plier à toutes les formes. Les perfidies & les cruautés avoient servi de fondemens à sa fortune ; il devoit en effacer le souvenir par les dehors de la vertu. Il témoigna même du respect pour la mémoire de Brutus. Un jour qu'on blâmoit devant lui l'opiniâtreté inflexible de Caton : *Quiconque*, répondit-il, *soutient le gouvernement établi, est un bon citoyen & un honnête homme.* Cette apologie de Caton tournoit à l'avantage du prince. L'historien Tite-Live célébra Pompée, sans perdre son amitié. Auguste l'appela par plaisanterie *Pompéien*, mais évita de paroître condamner des louanges conformes aux idées républicaines.

Marcellus,

AUGUSTE.

Marcellus, son neveu, son gendre, destiné à être son successeur, jeune prince de grande espérance, mourut infiniment regretté des Romains. Agrippa étoit loin de la cour. Auguste sentit le besoin de le rappeler, pour s'en faire un appui contre ses ennemis secrets, qui formoient des conspirations. Il lui donna sa fille Julie, la veuve de Marcellus. Selon les historiens, Mécène l'y détermina par ces paroles : *Vous avez fait Agrippa si grand, qu'il faut, ou le tuer, ou en faire votre gendre.*

Auguste prend Agrippa pour gendre.

L'empereur ayant confié le gouvernement de Rome à Agrippa, alla visiter les provinces d'Asie. Il eut la gloire de recouvrer sans combat les drapeaux des légions de Crassus. Phraate, roi des Parthes, craignant les forces de l'empire, renvoya ces monumens d'une ignominieuse défaite ; événement que l'on célébra comme un triomphe. Auguste, à son retour, vit le sénat & le peuple lui donner de nouvelles preuves de soumission. Il refusoit le consulat, dont il avoit été revêtu onze fois : au lieu d'un vain titre, il reçut la puissance consulaire pour toute sa vie, avec la préséance sur les consuls.

Son voyage en Asie.

Différentes loix qu'il publia en ce tems, contre le célibat, l'adultere, le divorce sans cause légitime, le luxe des tables, occasionnerent cependant des murmures, & produisirent peu de bien. Que peuvent les loix contre le torrent des vices ? En satisfaisant le goût du peuple, qui n'ambitionnoit plus que du pain & des spectacles ; en lui accordant sans cesse des jeux & des distributions de bled, Auguste se montroit beaucoup moins zélé pour les mœurs, que pour son intérêt personnel. C'étoit le moyen d'effacer le souvenir de l'ancienne liberté, & le sentiment de la servitude présente.

Ses loix.

Il est singulier qu'après avoir contribué à l'avilissement du sénat, Auguste ait entrepris de lui rendre son premier lustre. L'unique moyen pour cela étoit de diminuer le nombre des sénateurs, & d'exclure ceux que leur naissance ou leur conduite rendoit indignes de ce rang. Le nombre fut réduit de mille à six cens ; la réforme se fit avec beaucoup de prudence & d'équité. Mais les moins dignes étant d'ordinaire les plus

Il rend au sénat son lustre.

Q

jaloux des honneurs, cette réforme donna lieu à des cabales.

Crainte d'Auguste pour sa vie.

L'empereur, toujours couvert d'une cuirasse sous sa robe, quand il paroissoit en public, s'étoit muni d'une autre défense, en s'associant Agrippa à la puissance tribunitienne, & en le désignant son successeur. Cependant, comme il temoignoit encore des inquiétudes, les sénateurs proposerent de le garder tour à tour. Le jurisconsulte Labéon, génie républicain, rompit la délibération par cette plaisanterie : *Je suis dormeur, ne comptez pas sur moi.* Il y eut des mécontens punis de mort.

Tibere épouse Julie.

Agrippa mourut au retour d'une expédition en Pannonie ; perte irréparable pour l'empire. Deux fils qu'il avoit eus de Julie, Caïus & Lucius, étoient déjà les enfans adoptifs d'Auguste, mais trop jeunes encore, & incapables d'agir. Ce prince jetta malgré lui les yeux sur Tibere, que sa femme Livie avoit eu d'un premier mari. Il l'obligea de répudier une épouse qu'il aimoit, pour épouser sa fille Julie, dont les débauches étoient publiques. Tibere obéit avec un air de satisfaction ; car la soif des grandeurs éteignoit en lui tout sentiment d'honnêteté.

Guerre avec les Germains.

Les Germains, peuple libre & belliqueux, donnoient de l'inquiétude à l'empire. Depuis l'invasion des Cimbres, ils avoient conçu le dessein de passer le Rhin, & de venir s'établir sous un ciel plus doux. Des forêts inhabitables couvroient leur pays. Auguste passa trois ans dans la Gaule pour veiller à la sureté de cette province. Il y laissa Drusus, frere cadet de Tibere, qui pénétra en Germanie par l'océan, & y fit quatre campagnes glorieuses. Une mort prématurée arrêta le cours de ses victoires. Tibere venoit de se signaler aussi contre les Pannoniens, les Daces, les Dalmates. Il fut envoyé en Germanie, & réprima les barbares. Le temple de Janus, qui, jusqu'au regne d'Auguste, n'avoit été fermé que deux fois, le fut alors pour la troisieme fois sous ce regne. Pendant

Plan. XLII. Auguste s'occupe des embellissemens de Rome.

cet intervalle, Auguste s'occupa à embellir la ville de Rome, & donna à Vitruve, célebre architecte, la conduite de ces ouvrages. On jouit d'environ douze années de paix ; ce qui

Gabriel de St Aubin inv.   P. Car. Levasque Sculp.

N.º 42.

AUGUSTE.

à la honte de l'humanité, est un phénomène remarquable.

On rapporte un trait frappant de la politique intéressée, qui dirigeoit toujours l'empereur. L'affranchi Licinius, un de ses hommes de confiance, financier rusé & cruel, accabloit la Gaule de vexations. Comme les taxes se payoient par mois, & que les mois de juillet & d'août, (auparavant *Quintilis & Sextilis*,) avoient changé de nom depuis peu, il en faisoit quatre mois, sous les anciens noms & sous les nouveaux, & par-là il doubloit les taxes. L'empereur ayant reçu de grandes plaintes, étoit sur le point de le punir. Licinius ouvrit son trésor : « C'est pour vous que je l'ai amassé lui dit-il ; les » Gaulois pouvoient se servir de leurs richesses contre vous : » prenez cet argent ». Alors le concussionnaire parut honnête homme. Plusieurs actions d'Auguste ont un air de vertu qui en impose ; mais plus on approfondit son caractere, plus on y apperçoit de fausseté.

Politique intéressée d'Auguste.

Au comble de la fortune & de la puissance, au milieu des honneurs divins qu'on lui rendoit servilement, Auguste éprouva enfin qu'il pouvoit être malheureux. Il trouva dans sa propre famille une source inépuisable de douleurs. Sa fille Julie, dont lui seul ignoroit les déréglemens, se prostitua avec tant de publicité, qu'il crut devoir la dénoncer au sénat & la condamner à l'exil. Sa petite-fille, de même nom, imita l'exemple de sa mere, & subit la même peine. Ses fils adoptifs, Caïus & Julius, à qui il avoit voulu servir de précepteur, répondoient mal à ses soins ; & tous deux moururent loin de lui, l'un en Asie, l'autre à Marseille.

Ses chagrins domestiques.

Tibere, son gendre, s'étoit retiré à Rhodes, choqué peut-être de sa prédilection pour eux, ou irrité de la conduite infâme de Julie. Il resta sept ans comme en exil. Auguste, qui le connoissoit trop pour l'aimer, l'adopta néanmoins, parce qu'il le crut nécessaire après la mort des Césars, & le fit son successeur en le haïssant.

Un nouveau coup lui perce l'ame. Cinna, petit-fils de Pompée, conspire contre sa vie. Il l'apprend ; il flotte plusieurs jours entre le desir de la vengeance, & la crainte de

Conjuration de Cinna.

se rendre odieux par de nouvelles rigueurs. Les sages conseils de Livie le décident à pardonner. Il mande Cinna, lui reproche sa perfidie, le désigne consul, & s'en fait de la sorte un ami zélé. Ce trait méritoit d'être célébré par un Corneille.

Commencement de l'ére chrétienne.

Il faut observer ici que l'ére chrétienne vulgaire commence l'an 753 de Rome. C'est l'époque de la naissance de Jésus-Christ, selon l'ancienne opinion. Les chronologistes modernes placent quatre ans plutôt cette époque, en se conformant néanmoins à l'ére vulgaire, qui doit maintenant nous servir de regle pour les dates.

Révolte en Germanie.

Tibere & Germanicus, fils du célebre Drusus, dompterent les Dalmates & les Pannoniens, dont la révolte avoit jetté l'alarme dans Rome. Un de leurs chefs interrogé par Tibere sur les motifs du soulevement, répondit avec hardiesse: *C'est qu'au lieu de pasteurs pour nous défendre, on nous envoie*

An de J. C. 9.
Défaite de Varus.

des loups pour nous dévorer. Dans les transports de joie qu'excitoit cette victoire, on reçut une nouvelle accablante. Varus, qui commandoit en Germanie, s'étoit laissé surprendre par les Germains. Arminius, leur compatriote, devenu chevalier romain, mais toujours zélé pour la liberté de sa patrie, les avoit soulevés & combattoit à leur tête. Trois légions furent taillées en pieces; le général se tua de désespoir.

Auguste en l'apprenant, se livra d'abord à une douleur pusillanime. On dit qu'il se frappoit la tête contre les murailles, en criant: *Varus, rends-moi mes légions.* Revenu de sa frayeur, il envoya Tibere contre les ennemis. En deux campagnes, la tranquillité parut rétablie. Tibere se fit honneur par sa vigilance, son exactitude à mettre en vigueur la discipline, & par une conduite aussi prudente que celle de son prédécesseur avoit été aveugle. A son retour, il fut associé à l'empire.

Vieillesse d'Auguste.

L'empereur conservoit dans la vieillesse toute l'activité de son génie, avec la passion du commandement. Il ne manquoit pas de se faire proroger sa puissance, dès qu'il approchoit du terme, affectant de tenir de la république une au-

ROME TRIOMPHANTE.

torité qui la détruisoit. Il fit statuer que les ordonnances de son conseil privé auroient la même force, que si elles émanoient du sénat ; il nomma lui-même une année à toutes les charges, sous prétexte que les élections n'étoient point tranquilles. Tout, en un mot, dépendoit de lui. La peine du crime de lèse-majesté, prononcée contre les auteurs des libelles diffamatoires, prouve qu'en vieillissant il devenoit plus severe. Cette loi fut un instrument de tyrannie entre les mains de ses successeurs.

A l'âge de soixante & seize ans, après environ quarante-quatre ans de regne, Auguste finit sa carriere, avec plus de courage qu'il n'en avoit montré dans les batailles. Se sentant près de mourir : *N'ai-je pas bien joué mon rôle*, dit-il à ses confidens? *La piece est finie, applaudissez.* Peu d'acteurs, en effet, l'ont égalé sur le théâtre de l'ambition & de la politique. Ce fut presque toujours à force de tromper les hommes, qu'il s'éleva au-dessus d'eux. Mais en détestant son hypocrisie, & les crimes par lesquels il rendit le triumvirat exécrable, on doit avouer que Rome, devant obéir à un maître, fut heureuse de l'avoir plutôt qu'un autre ; & qu'en forçant les nations étrangeres à lui faire hommage & se ranger sous ses loix, il la rendit à jamais triomphante. En effet on vit sous son regne les peuples tremblans au seul nom des Romains toujours vainqueurs se croire honorés des dons du sénat, & des rois en recevoir leurs couronnes.

Il éteignit le flambeau des guerres civiles ; il ramena l'abondance avec la paix ; il ranima l'agriculture ; il opposa des loix aux désordres ; il gouverna enfin plutôt en roi qu'en tyran. Une de ses maximes étoit qu'il ne faut, ni entreprendre de guerre, ni hasarder de bataille, sans avoir beaucoup à espérer & peu à craindre. Il comparoit ceux qui agissent autrement, à des hommes qui pêcheroient avec des hameçons d'or : la perte d'un seul hameçon pourroit aisément ruiner le pêcheur.

Les louanges flatteuses qu'il a reçues des orateurs & des poëtes, prouvent seulement qu'il favorisa les lettres & qu'il récompensoit les talens. Comblés de ses bienfaits, les Vir-

An de J. C. 14. Mort d'Auguste.

Plan. XLIII. Rome recevant l'hommage des nations étrangeres.

Eloges qu'Auguste a mérités.

Pourquoi a-t-il été tant loué par les gens de lettres.

gile, les Horace lui prodiguoient l'encens, dirai-je de la reconnoissance ou de l'adulation ? C'est à eux sur-tout qu'il doit sa renommée. Il y avoit beaucoup de politique, sans doute, à favoriser des hommes si capables d'enchanter les contemporains, & d'enlever les suffrages de tous les siécles.

II.

TIBERE.

An de J. C. 14.
Caractere de Tibere.

CE prince, de l'ancienne maison des Claudius, âgé de cinquante-cinq ans, joignoit à beaucoup d'esprit, de capacité & d'expérience, les qualités d'une ame noire, méfiante, cruelle & perfide. La dissimulation masquoit tous ses sentimens & ne servoit qu'à les rendre plus dangereux. Ses premieres démarches le firent connoître pour un tyran aussi fourbe que sanguinaire. Auguste avoit adopté un des enfans d'Agrippa, & l'avoit ensuite relégué, parce qu'il n'apperçut en lui que les vices d'une ame féroce. Tibere le fit assassiner, & menaça l'assassin, exécuteur de ses ordres, de le dénoncer à la justice.

Sa conduite au commencement.

On le vit témoigner au sénat une déférence extraordinaire, le consulter, étendre même son pouvoir, lui transmettre le droit d'élection que le peuple exerçoit encore, du moins en apparence. Il honoroit les consuls, il respectoit les loix & les mœurs, il faisoit rendre la justice, il soulageoit les provinces ; il disoit qu'*un bon berger doit tondre & non écorcher ses brebis.* Il souffroit même patiemment les traits de la médisance & de la satire, parce que, disoit-il, *dans un état libre les pensées & les langues doivent être libres.* Cette conduite sage venoit probablement de la crainte d'être supplanté par Germanicus, qui se signaloit en Germanie. Le tyran se démasqua, dès qu'il crut pouvoir donner carriere à ses passions.

Conduite de

Germanicus ayant passé de la Germanie dans la Gaule, où

Nº 44.

TIBERE.

sa préfence étoit néceffaire, ses légions se mutinerent en son abfence. Elles l'adoroient, elles efpéroient de le voir bientôt à leur tête difputer le trône à un tyran. Mais le jeune prince aimoit plus fes devoirs que la fortune. A la premiere nouvelle du tumulte, il court le réprimer : il trouve des furieux que fes reproches & fes prieres ne touchent point. Il leve le bras pour fe percer en leur préfence. Tandis qu'on s'y oppofe, un des rebelles lui préfente fon épée nue, en difant : *Celle-ci vaut mieux*. Malgré cet excès de rage, il appaife la fédition par une fage fermeté mêlée de douceur. Les foldats demandent, pour expier leur crime, à marcher contre les Germains ; ils les attaquent, les taillent en pieces. Une grande victoire remportée sur Arminius, confterna tellement ces barbares, que Germanicus fe flattoit de les fubjuguer en peu de tems. Tibere, dévoré de foupçons, & les diffimulant toujours, le rappela comme pour lui procurer du repos & des honneurs.

Germanicus en Germanie.

Germanicus, à son retour, fut honoré d'un triomphe magnifique. Plus on lui témoigna généralement de vénération & d'amour, plus la haine fecrette de l'empereur s'envenima contre lui. Pour éloigner un objet si odieux, & le conduire à fa perte, il l'envoya commander en Afie, où plufieurs provinces étoient agitées de troubles, & où la fidélité des légions n'étoit point fufpecte. En même-tems il donna le gouvernement de Syrie à Pifon, très-propre à l'exécution d'un grand crime. Tout ce qu'il falloit attendre d'un prince aimable, courageux, habile, Germanicus le fit en orient. Il rétablit la tranquillité par-tout ; il gagna les cœurs en rempliffant fa commiffion. Mais arrivé en Syrie, il trouve Pifon auffi indocile & arrogant, que les étrangers étoient foumis. Ce gouverneur contrarie fes vues, méprife fes ordres. Il porte fi loin les excès, que Germanicus lui commande enfin de fe retirer. Bientôt le prince tombe dangereufement malade à Antioche, fe croyant empoifonné par Pifon, & conjurant fes amis de pourfuivre la vengeance de fa mort. Il adreffa enfuite la parole à Agrippine, & il la fupplia par la mémoire d'un époux qui

Ce que fit Tibere pour le perdre.

Planche XLIV. Mort de Germanicus.

lui étoit si cher, par leurs enfans, gages mutuels de leur tendresse, d'adoucir un peu sa fierté, de céder aux rigueurs de la fortune ennemie, & de se donner bien de garde, lorsqu'elle seroit de retour à Rome, d'irriter les personnes puissantes par une rivalité mal entendue; il mourut peu après.

Mort de Pison.   Asiatiques, Romains, tous firent éclater leur désespoir; tous sembloient avoir perdu leur pere, leur unique espérance. Pison s'efforça de rentrer dans son gouvernement; il fut chassé & contraint de retourner en Italie, où l'attendoient ses accusateurs. Tibere auroit voulu parer le coup. La mort de Germanicus, soit naturelle, soit violente, étoit pour lui un sujet de joie au milieu de la désolation générale qu'il affectoit de partager. On le soupçonnoit lui-même d'en être le principal auteur. Ne pouvant arrêter le cours de la justice, & voulant se montrer impartial, il renvoya l'affaire au sénat; mais il fit entendre qu'il n'approuvoit point l'excessive chaleur avec laquelle on se déchaînoit contre l'accusé.

On produisit plusieurs chefs d'accusation. Pison s'étant apperçu que Tibere ne donnoit aucun signe d'intérêt ni de pitié, se retira sans espoir; il écrivit à l'empereur pour lui recommander ses enfans, & le lendemain il fut trouvé mort dans sa chambre. Quelques-uns crurent que Tibere l'avoit fait tuer, de peur que pour sa justification, il ne montrât des ordres donnés contre Germanicus.

Abus des délations.   Le sombre caractere de l'empereur, ses discours équivoques, sa dissimulation raffinée, la solitude où il commençoit à fuir les regards des hommes, augmenterent les craintes & la défiance. L'abus énorme des délations faisoit trembler les citoyens. Un mot, une plaisanterie innocente, un rien interprété en mauvaise part, devenoient crimes de lèse-majesté. Un ancien préteur fut sur le point d'être accusé, parce que, dans un besoin naturel, il n'avoit pas pensé à ôter sa bague où étoit l'image de Tibere. Un chevalier romain, voyant Drusus fort malade, fit des vers à sa louange sur sa mort qu'il croyoit prochaine, & eut l'imprudence de les lire dans un cercle; il fut dénoncé au sénat, condamné au dernier supplice & exécuté.

TIBERE.

exécuté. Tibere ne défapprouva point ce jugement ; il fe plaignit feulement qu'on n'eût pas attendu fes ordres.

Les délations encouragées par des récompenfes, s'accrurent de jour en jour. On vit même un monftre en ce genre, un fils accufant fon pere. Celui-ci comparut chargé de chaînes & accablé de douleur ; l'autre plaida contre lui avec un air de gaieté & de confiance. Le malheureux pere fut exilé. Quelques-uns des juges opinerent à la mort, parce que Tibere le haïffoit.

Le féjour de Rome devenoit infupportable à l'empereur. Ses vices, vus de trop près, y étoient gênés. La liberté, dont il reftoit à peine quelques traces, & l'adulation, qui fe profternoit devant lui, le choquoient également. Il ne pouvoit fouffrir les hauteurs de Livie, fa mere, à laquelle il étoit redevable de l'empire. Enfin il quitta la ville pour toujours, n'emmenant qu'un fénateur, quelques chevaliers, & un petit nombre de Grecs lettrés dont la fociété l'amufoit. Il défendit à tout le monde de venir troubler fon repos : ne trouvant pas dans la Campanie une folitude affez inacceffible, il fe retira dans l'île de Caprée, que fes fureurs & fes débauches ont rendue célebre. Là éloigné des hommes & des affaires, il tâcha de ranimer fa vieilleffe par tout ce que le vice peut imaginer de plus infâme.

An de J. C. 26. Retraite de Tibere à Caprée.

Un miniftre auffi méchant que le prince, Séjan, avoit un empire incroyable fur cet efprit foupçonneux, à qui tout faifoit ombrage. Du rang de fimple chevalier, il s'étoit élevé par l'intrigue au comble de la fortune ; & en s'élevant il avoit étendu & porté fes defirs jufqu'à la place de fon maître. Devenu préfet des cohortes prétoriennes, il jugea qu'il pouvoit tirer de grandes reffources de ce commandement militaire, peu confidérable jufqu'alors. Sous prétexte d'établir la difcipline, il raffembla dans un camp toutes les cohortes, qu'on laiffoit difperfées dans Rome ou dans les villes du voifinage. Ainfi il eut à fes ordres une armée, d'autant plus propre à le fervir, qu'elle campoit aux portes de la capitale.

Caractere de Séjan.

Quoique la famille impériale fût nombreufe, il ofa entre-

Ses projets & fes attentats.

prendre de s'élever sur ses ruines. Drusus, fils de l'empereur, qu'il haïssoit personnellement, tomba le premier sous ses coups. Il débaucha sa femme, lui offrit de l'épouser, & lui fit espérer l'empire. Un poison lent finit les jours de ce prince. Trois fils de Germanicus, que la succession regardoit, & leur mere Agrippine, éprouverent à leur tour la scélératesse de Séjan. Espions apostés, pieges invisibles, rapports calomnieux, il employa tous les moyens de les perdre. L'empereur écrivit contre eux au sénat. Agrippine & son fils aîné furent exilés, comme ennemis de la patrie ; son second fils fut enfermé dans une prison.

Alors Séjan devint plus maître de l'empire que l'empereur. Il ne lui restoit qu'un pas à faire pour couronner tant de crimes : c'étoit de faire périr Tibere, & d'usurper le pouvoir suprême. Le dessein en étoit formé. Un avis secret ouvrit les yeux de l'empereur sur cet étrange complot.

Mort de Séjan. Tibere n'osant se déclarer d'abord, ni employer la rigueur, use d'artifices ; il comble Séjan de caresses ; il le fait nommer consul, & l'éloigne ainsi d'une maniere honorable. Dès que le nouveau consul, est à Rome, Tibere, par une conduite ambigue, tient les esprits en suspens ; tantôt il laisse échapper contre lui des signes de mécontentement, qui refroidissent ses adorateurs ; tantôt il lui donne des marques de confiance, qui l'empêchent de faire un éclat. Enfin arrive Macron, nouveau préfet des gardes prétoriennes, avec une lettre contre Séjan. La lettre se lit dans le sénat. On arrête Séjan ; on le condamne presqu'aussi-tôt, on l'exécute. Ses statues sont brisées, ses enfans même condamnés à mort.

Nouvelles cruautés de Tibere. Le public se flattoit en vain de voir la tyrannie s'adoucir après la mort du ministre. L'empereur, donnant l'essor à son caractere, surpassa tout ce qu'on avoit vu en ce genre. La vie des citoyens fut le jouet de sa cruauté. C'étoit peu de les faire mourir, s'il ne rendoit leur mort atroce. Un de ces malheureux s'étant tué de sa propre main : *Il m'a échappé,* s'écria-t-il avec dépit.

La mere de Fusius, ami de Séjan, femme très-âgée, subit

le supplice pour avoir pleuré la mort de son fils. Ces meurtres juridiques se commettoient par sentence du sénat. Tibere à la fin se lassa d'attendre des procédures. Il ordonna le massacre de tous ceux qui étoient détenus en prison pour l'affaire de Séjan.

Au milieu de ces barbaries, le vieux empereur continuoit ses débauches, & s'efforçoit de dérober sa conduite aux yeux du public. Enfin il tombe en défaillance. On le croit mort. Macron s'empresse de faire proclamer Caïus par les soldats. Le malade étant revenu de sa foiblesse, & la terreur glaçant les esprits, le préfet ordonne qu'on l'étouffe sous des matelas. Tibere mourut dans la soixante & dix-huitieme année de son âge, & la vingt-troisieme de son regne : il étoit si abhorré, que le peuple fut sur le point d'insulter à son cadavre. Les traits de sagesse, de générosité, de justice, épars dans son regne n'ont pas rendu sa mémoire moins odieuse, parce que la méchanceté & la fourberie dominerent dans sa conduite, & qu'avec beaucoup de génie, il n'avoit qu'un mauvais cœur. Fin de Tibere.

III.

CAÏUS CALIGULA.

Caïus, plus communément nommé par les modernes Caligula, étoit l'idole du peuple romain, en qualité de fils de Germanicus. Mais le sang ne donne pas le mérite : il est même rare que la gloire des grands hommes ne soit pas flétrie par leurs enfans. Caligula souple avant son élévation, devint un monstre dans la grandeur. On a dit qu'il n'y eut jamais de meilleur valet, ni de pire maître. Il montre quelques vertus au commencement de son regne ; mais bientôt tout change de face. Caligula se baigne dans le sang. Il commence par le meurtre de Tibérius & de Macron. Il ne rou-

An de J. C. 37. Regne de Caligula.

git d'aucun excès; il rougit seulement d'avoir pour aïeul le grand Agrippa, dont la naissance étoit obscure. Il joue le personnage de tous les dieux, se faisant adorer, tantôt comme Jupiter, tantôt comme Junon, Bacchus, Hercule, &c. Enfin par un délire sans exemple, il traite son cheval en favori, & pense à l'élever au consulat.

Toute la cruauté possible est renfermée dans quelques mots de Caligula. *Frappe de façon qu'il se sente mourir. Plût à Dieu que le peuple romain n'eût qu'une tête, qui pût être coupée d'un seul coup !* — Un jour, éclatant de rire devant les consuls : *Je pensois*, leur dit-il, *que d'un clin d'œil je puis vous faire égorger tous deux.*

Planc. XLV.
Caligula fait précipiter dans la mer à Pouzoles, le peuple que le spectacle de son triomphe y avoit attiré.

Mais ce qui met le comble à toutes ces horreurs, est ce qui se passa à Pouzoles. Caligula ayant fait construire un pont sur la mer, de Bayes à Pouzoles, y vint en triomphe dans un char superbe. Ce spectacle y attira une grande quantité de peuple; il reparut le second jour sur son fameux cheval, & par une barbarie qui n'a pas d'exemple, la hache à la main, il donna ordre aux soldats qui l'accompagnoient de massacrer tous les spectateurs. Les uns périrent de cette maniere, les autres furent précipités dans la mer.

Sa mort.

Quelqu'avilis que fussent les Romains dans la servitude, il étoit impossible qu'une tyrannie affreuse, exercée par un extravagant, ne fît pas éclore des conspirations. Chéréa, tribun d'une cohorte prétorienne, délivra Rome de ce monstre, sans la délivrer des vices qui perpétuent les malheurs. Le tyran fut assassiné à la fin de la quatrieme année de son regne.

Nº 45.

IV.

CLAUDE.

Chéréa & les sénateurs, après le meurtre de Caligula, vouloient rétablir la république. Les soldats vouloient un empereur, parce qu'ils trouvoient leur avantage dans la puissance militaire. Claude, frere de Germanicus & oncle de Caligula, loin d'aspirer à l'empire, ne pensoit qu'à sauver sa vie, & se cachoit dans un coin. Par hasard un soldat l'apperçoit & le proclame; d'autres arrivent: on l'emmene malgré lui, on lui prête serment de fidélité. Le sénat est forcé de le reconnoître. Chéréa est mis à mort, toute espérance de liberté tombe avec lui.

An de J. C.
41.
Elévation de Claude à l'empire.

Claude, quoiqu'âgé de plus de cinquante ans, étoit encore dans une espece d'enfance. Son ris niais, sa contenance embarrassée, ses manieres basses, annonçoient l'ineptie & la sottise. Ces défauts lui avoient attiré l'aversion de ses parens. Auguste seul avoit eu pour lui de la bonté, sans pouvoir l'employer à rien.

Son caractere.

Naturellement doux, il pouvoit du moins se faire aimer. Il y réussit dans les commencemens, par une conduite toute opposée à celle de son prédécesseur. Il brûla deux mémoires intitulés, l'*Epée* & le *Poignard*, où ce monstre avoit écrit les noms de ceux qu'il destinoit au supplice. La clémence, l'humanité, parurent succéder à la barbarie; mais il falloit se défier de la foiblesse d'une tête, susceptible de toutes les impressions, & qui feroit indifféremment le bien ou le mal, selon qu'elle seroit gouvernée par de bons ou de mauvais conseils.

Messaline, épouse de l'empereur, femme détestable, partagea toute sa confiance avec des valets sans honneur, avec

Messaline.

un Narcisse, un Pallas & d'autres affranchis, dont l'énorme opulence ne pouvoit être que le fruit du crime. On ne tarda guere à sentir combien l'autorité est terrible entre de pareilles mains. Les affranchis vendirent tout, & Messaline se servit d'eux pour exécuter ses projets.

Cette infâme princesse avoit de la passion pour Silanus, son beau-pere. Ne pouvant le séduire, elle jura de le perdre. Elle concerte les moyens avec Narcisse. Un jour, de grand matin, Narcisse entre tout effaré dans la chambre de Claude, & lui dit qu'il a vu en songe Silanus poignarder le prince. Messaline assure qu'elle a eu plusieurs nuits le même songe. A l'instant paroît Silanus, qu'on avoit mandé par un faux ordre. Le timide Claude croit voir en lui un assassin, & le fait tuer sur le champ.

Arria & Pétus. Il se forma une conspiration, dès que la tyrannie eut éclaté d'une maniere si révoltante. Claude jugea lui-même les accusés dans le sénat. C'est alors que la célebre Arria donna des preuves singulieres de courage. Pétus, son mari, personnage consulaire, étoit enveloppé dans la conjuration, & ne pouvoit éviter la mort. Arria l'exhorte à prévenir le supplice. Le voyant irrésolu, elle se plonge un poignard dans le sein, le retire, le lui présente en disant : *Pétus, cela ne fait point de mal*. Le mari se tue à l'exemple de sa femme.

Guerres de Claude. On n'auroit pas cru possible que Claude formât des projets d'ambition & de conquête. Cependant il entreprit de subjuguer la grande-Bretagne, où César n'avoit fait que se montrer. Les premiers succès de Plautius encouragerent l'empereur. Il voulut paroître à la tête d'une armée ; il passa en Bretagne, y resta seize jours, prit quelques forteresses, & triompha. Au bout de quatre années de guerre, Plautius réduisit en province romaine une partie considérable de l'île, du côté de la Tamise.

Ses loix. Aux exploits militaires dont il se glorifioit, Claude fit succéder les soins du ministere civil, & prit la qualité de censeur. Plusieurs ordonnances ridicules furent le fruit de ses travaux. Trois lettres ajoutées à l'alphabet, lui parurent une

CLAUDE.

réforme importante, qui ne dura qu'autant que lui. Mais avec ces inepties, on trouve quelques réglemens sages qui par malheur devoient participer au mépris qu'on avoit pour le prince.

Tandis que l'empereur s'occupoit, ou sembloit s'occuper du gouvernement, Messaline, maîtresse absolue de son esprit, se livroit publiquement aux plus honteuses débauches. Amoureuse de Silius, elle l'avoit obligé de répudier une femme de la plus haute naissance. C'étoit peu : elle l'épousa solemnellement pendant un voyage de Claude à Ostie. Le stupide empereur en fut informé par ses affranchis, que Messaline avoit eu l'imprudence d'irriter. *Fin de Messaline.*

A cette nouvelle, il s'écrie : *Suis-je encore empereur ?* On le rassure. Silius & plusieurs complices des impudicités de sa femme, sont mis à mort. Elle se préparoit à le fléchir ; elle en seroit probablement venue à bout, si Narcisse n'avoit donné ordre de la tuer. Claude ne témoigna ni joie, ni tristesse.

Il avoit déjà épousé trois femmes. Ses valets qu'on peut appeler ses maîtres, le décidèrent à un quatrième mariage. Agrippine, sa niece, fille de Germanicus, veuve de Domitius, eut la préférence par le crédit de Pallas, un de ses amans. La parenté donnoit quelque scrupule à Claude. Un courtisan l'eut bientôt levé, en faisant approuver cette alliance par le sénat. *Agrippine quatrieme femme de Claude.*

Le grand objet d'Agrippine étoit de dominer & de procurer l'empire au jeune Domitius, son fils. Exils, poisons, meurtres, toutes les ressources du crime, la délivrerent des personnes qui pouvoient lui nuire. Elle maria son fils avec Octavie, fille de l'empereur ; elle ménagea l'adoption de ce fils, au préjudice de Britannicus, frere d'Octavie. Sénèque, célebre par son esprit, avoit été exilé comme coupable d'adultere avec une princesse. Le jugeant utile à Néron (c'étoit le nouveau nom de Domitius.), elle obtint son rappel, pour suppléer à la mauvaise éducation de ce prince. Elle mit à la tête des gardes prétoriennes, Burrhus, brave & vertueux *Procure l'empire à son fils.*

capitaine, qu'elle favoit être capable de reconnoiffance. En un mot, Claude, qui ne voyoit que par fes yeux, lui laiffa faire ce qu'elle voulut.

Cependant l'empereur témoigna fe repentir du tort qu'il avoit fait à Britannicus ; il lâcha quelque parole menaçante contre fon époufe. Celle-ci en prévint les fuites, elle fit empoifonner fon mari. Claude mourut âgé de foixante-trois ans.

V.

NÉRON.

An de J. C. 54. Commencement du regne de Néron.

LA mort de Claude fut un fecret, jufqu'à ce qu'Agrippine eût pris les mefures qu'exigeoient les circonftances. Burrhus fit reconnoître Néron par les cohortes prétoriennes, & le fénat fuivit leur exemple avec ardeur. On mit au rang des dieux le prince ftupide qui venoit de finir fes jours par le poifon. Néron prononça fon oraifon funebre, où il exalta fa prudence & fa fageffe. Cet éloge fit rire l'affemblée, quoique dans la bouche du prince. Séneque, auteur de l'ouvrage, compofa lui-même une fatyre contre la divinité de Claude. Comment avoit-il eu le front de faire débiter à fon éleve des fauffetés ridicules ?

Néron, ennemi du travail, dut fa premiere réputation à deux hommes qui travaillerent pour lui. Burrhus & Séneque, intimément unis, firent en fon nom d'excellentes chofes. Les tribunaux reprirent leur autorité, le defpotifme ceffa pour un tems d'alarmer les citoyens ; quelques paroles touchantes de Néron charmerent les cœurs. *Je voudrois ne pas favoir écrire*, dit-il avant que de figner un arrêt de mort. Un autre jour, le fénat lui témoignant fa reconnoiffance, il répondit : *J'y compte, quand je la mériterai.* Le nouveau regne n'en fut pas moins horrible, parce que les miniftres

qui

qui firent le bien au commencement, ne purent en inspirer le goût à leur maître.

Déjà Néron, corrompu par des flatteurs, dédaignoit sa femme pour se livrer à une affranchie. Séneque & Burrhus ne gênoient point sa passion, de peur que la résistance ne produisît de plus grands maux. Mais Agrippine, furieuse de ne plus avoir le même pouvoir, saisit cette occasion d'éclater. Elle menaça même Néron de se déclarer en faveur de Britannicus qu'elle lui avoit sacrifié, & qui, âgé de treize ou quatorze ans, pouvoit être bientôt un redoutable rival. Néron cesse alors de se contraindre. Il fait empoisonner le jeune prince dans un repas, en sa présence, en présence de sa mere. Agrippine s'emporte, on la chasse du palais. Accusée de trahison, elle se justifie, & reprend une apparence de crédit qui l'appaise. *Premiers crimes de Néron.*

Après un crime si noir, exécuté de sang-froid, Néron foula aux pieds toute bienséance, jusqu'à courir les rues déguisé pendant la nuit avec de jeunes débauchés, insultant les uns, volant les autres, s'exposant à mille outrages, recevant des coups sans être connu, & s'applaudissant de ses bassesses. Une femme impudique fit éclore de nouveaux crimes.

Poppée brilloit dans Rome par sa figure, ses graces, son esprit, ses richesses ; femme admirable, si elle avoit été vertueuse. Othon homme sans principes & sans mœurs, l'avoit débauchée à son mari ; il l'avoit ensuite épousée. L'empereur en devint éperduement amoureux. Elle aspira bientôt à son lit. Prevoyant qu'Agrippine ne souffriroit point qu'il répudiât Octavie, elle résolut de perdre Agrippine même. *Préparé au parricide.*

Le fer, ni le poison ne paroissoient pas convenables pour ce crime, qu'il importoit d'ensevelir dans les ténebres. Un détestable affranchi proposa l'expédient d'un vaisseau construit de maniere, qu'une partie pût se démonter tout-à-coup en pleine mer & le faire couler à fond. Néron feignit, pour attirer sa mere dans le piege, un retour de tendresse dont elle fut aisément la dupe. Agrippine vint le voir à Bayes. Elle monta sur le vaisseau. La machine joua mal, ne l'écrasa point *An de J. C. 59.*

comme on l'avoit cru ; & tandis que les gens de sa suite périssoient, elle gagna le rivage. A cette nouvelle l'empereur est consterné. Il s'imagine déjà voir sa mere armer contre lui & les soldats, & le peuple. Il mande Burrhus & Séneque. Ces ministres hésitent d'abord ; mais, soit lâcheté honteuse, soit indigne politique, ils finissent par entrer dans les sentimens du prince. On ordonne un parricide ; l'affranchi Anicet se charge de l'exécuter. Agrippine dit au chef des assassins : *Frappe ce ventre qui a porté Néron.* Elle expira percée de coups.

Ce que fit Néron après avoir tué sa mere. Peu de scélérats ont l'ame assez dure pour être à l'épreuve des remords. Néron en fut déchiré lui-même, & la terreur, jointe aux cris de la conscience, le réduisit presque au désespoir ; mais la flatterie sut dissiper ces orages. Séneque lui composa une apologie, où il chargeoit Agrippine d'une fausse conjuration. Bientôt le sénat, le peuple & les troupes firent éclater leur joie d'un événement si digne d'horreur. Ce fut un sujet de fêtes & de sacrifices. Agrippine étoit un frein pour Néron. Lorsqu'il en fut délivré, il se livra sans retenue à ses penchans. On le vit ne s'occuper que de chars, de chevaux, de musique, de comédie ; se donner en spectacle, comme un cocher ou un histrion ; payer une compagnie nombreuse, uniquement destinée à lui applaudir dans ces farces ridicules.

Sort de Burrhus. Il n'y avoit que Burrhus & Séneque dont les avis, malgré leur complaisance, quelquefois outrée, pussent modérer la tyrannie de Néron. Malheureusement le premier mourut, & *De Séneque.* son maître fut soupçonné d'avoir avancé sa mort. Le second se voyant près d'une disgrace, voulut la prévenir par la retraite. Il offrit à l'empereur de quitter les biens immenses qu'il possédoit. Néron refusa d'y consentir, lui donna de nouvelles marques de confiance & de tendresse, & en paroissant le regretter, se réjouit de le voir loin de la cour.

D'Octavie. Tigellinus, nouveau préfet de la garde, scélérat digne de Néron devint le ministre de ses crimes. Bientôt Octavie fut non-seulement répudiée, mais exilée, mais égorgée, & sa tête fut, pour ainsi dire, le présent des noces de Poppée, son

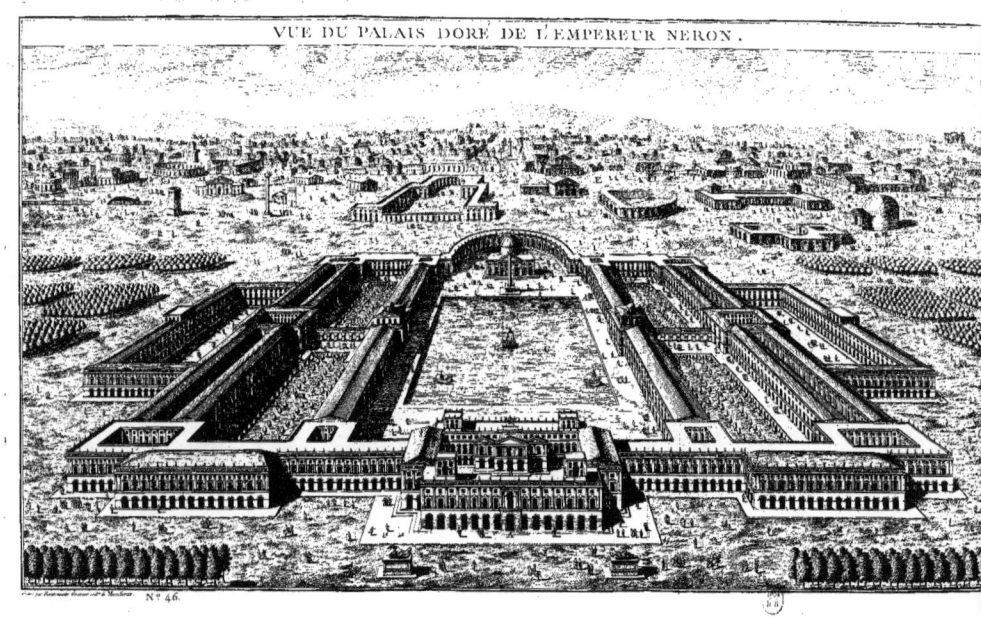

NÉRON.

infâme rivale. Le comble de l'infamie, c'est qu'afin de lui fuppofer un crime, l'affranchi Anicet l'accufa d'adultere avec lui-même : il ne pouvoit mieux faire fa cour à l'empereur. Après la mort d'Octavie, on rendit aux dieux de folemnelles actions de graces ; cérémonie qui fuivoit toujours les meurtres célebres. Néron fe jouoit ainfi des dieux & du genre humain.

On lui attribua un incendie qui confuma plus des deux tiers de Rome ; on publia qu'il l'avoit confidéré avec plaifir du haut d'une tour, chantant un poëme fur l'embrâfement de Troie. Il voyoit avec peine l'irrégularité de la ville, fes rues étroites & tortueufes ; il la fit reconftruire plus belle & moins expofée aux incendies. Un fuperbe palais s'éleva fur les ruines publiques, tout brillant d'or & de pierres précieufes, & renfermant dans fon enceinte des forêts, des lacs, des campagnes, avec toutes les richeffes de l'art. Quand Néron le vit achevé : *Je commence*, dit-il, *à être logé en homme*. Un grand homme n'auroit pas eu befoin de ce logement. *Incendie de Rome.*

Plan. XLVI. Palais doré de Néron.

Les portiques *A* de cet édifice formoient une triple allée de mille pas de longueur. Au fond de la premiere cour étoit un autre portique *B* fervant de veftibule, où les anciens érigeoient les ftatues & les buftes de leurs ancêtres. L'étang *C* étoit d'une étendue immenfe. Le temple de la Fortune *D* n'avoit pas de croifées, parce qu'il étoit bâti de pierres tranfparentes comme du criftal, à travers lefquelles le jour paffoit pour l'éclairer. Les bâtimens de l'ancienne Rome *E* reprefentés dans le lointain, peuvent donner une idée de fon immenfité & de fa difpofition générale du temps des empereurs. *Defcription de ce palais.*

Quoiqu'il eût prodigué les fecours au peuple après l'incendie, il n'en étoit pas moins accufé par le bruit public. Il crut fe juftifier en rejettant l'accufation fur des innocens. Les Chrétiens fe multiplioient déjà, mais dans l'obfcurité, & l'on confondoit leur fainte religion avec les fuperftitions les plus groffieres. Néron fuppofa qu'ils étoient les incendiaires. On en fit périr une infinité par des fupplices affreux. Affis lui- *Perfécution contre les chrétiens.*

S ij

140 HISTOIRE ROMAINE.

même sur un char, il se fit un amusement de voir ces malheureuses victimes, ou dévorées par les bêtes, ou brûlées comme des flambeaux; on jugea que leur condamnation étoit un des plaisirs de sa cruauté.

An de J.C. *65.* Conspiration contre Néron.

Ce monstre lassa enfin la patience de ses sujets. Une conspiration se forma, Pison en étoit le chef; quantité d'illustres citoyens y entrerent, & l'affranchie Epicharis échauffa le courage des conspirateurs. Le secret fut inviolablement gardé, mais un esclave le devina aux préparatifs de son maître. On arrêta quelques coupables, dont la foiblesse trahit les autres. Epicharis, femme de plaisir, soutint la torture en héroïne; le sang coula bientôt de tous côtés.

Mort de Séneque.

Séneque accusé d'avoir eu part à la conjuration, reçut ordre de mourir. Il se fit ouvrir les veines, ainsi que Pauline, sa femme. N'ayant pu obtenir d'ajouter à son testament des legs en faveur de ses amis: *Je vous laisse*, leur dit-il, *ce qui me reste de plus précieux, l'exemple de ma vie*. Séneque malgré tout son mérite, ne sera jamais le modele des vrais philosophes, ni des meilleurs écrivains. Son style affecté corrompit le goût; sa morale fastueusement austere, fut souvent démentie par ses actions.

Mort de Lucain.

Le poëte Lucain mourut de la même maniere. Il avoit encensé Néron dans sa Pharsale: il étoit devenu son ennemi mortel par un ressentiment d'auteur; parce que le prince, qui se mêloit de poésie, avoit blessé son amour-propre en rival jaloux.

De Thraséa.

Soranus & Thraséa, deux sénateurs, dignes de l'ancienne Rome par leurs vertus, n'échapperent pas au supplice. Les crimes imputés à Thraséa furent de n'avoir pas offert des sacrifices pour la conservation du prince & de sa *divine voix*; de l'avoir blâmé de faire le comédien sur le théâtre; de s'être retiré du sénat, quand on y lut l'apologie sur le meurtre d'Agrippine; de s'être absenté, quand on décerna les honneurs divins à Poppée. Cet illustre Romain, condamné par le sénat, eut le choix de son supplice; il se prépara sans trouble à la mort, se fit ouvrir les veines, arrosa le plancher de son sang, & dit: *Faisons une libation à Jupiter libérateur.*

NÉRON. 141

Néron voulut aller en Grece pour remporter des victoires théâtrales. Il partit avec une armée de muficiens & de bateleurs. Il parcourut tous les jeux, gagna dix-huit cens couronnes, & crut effacer la gloire des héros de la république. Par reconnoiffance, il déclara libre la Grece qui admiroit fes talens, ou plutôt qui flattoit fa vanité ; mais cette liberté imaginaire ne la garantit d'aucune efpece de vexation. Il revint triomphant en Italie. Son entrée à Rome fut un étrange fpectacle. Le fénat, les chevaliers, le peuple, à la fuite de fon char, faifoient retentir les airs d'acclamations honteufes : *Vive le vainqueur des jeux olympiques, des jeux pythiens ! Néron eft un autre Hercule, Néron eft un nouvel Apollon. Seul il a vaincu dans tous les genres de combats & de jeux, &c.* En même-temps que la tyrannie réduifoit les Romains à des baffeffes fi déplorables, elle redoubloit leur haine contre le tyran. Une confpiration prefque générale les en délivra bientôt.

<small>Objet du voyage de Néron en Grece.</small>

Vindex donna le fignal dans la Gaule où il commandoit. C'étoit un Gaulois d'illuftre naiffance, & zélé pour fa patrie. Il n'eut pas de peine à foulever des peuples encore fiers fous l'oppreffion. Ayant befoin de fecours, il s'adreffe à Galba, gouverneur d'Efpagne, homme paifible, modéré, qui defcendoit des premieres familles de Rome. Galba délibere avec fes amis. On le décide à prendre les armes. Mais une armée romaine défit près de Befançon celle de Vindex. Le fuccès devint alors très-incertain.

<small>An. de J. C. 68. Fin de Néron.</small>

Si le tyran avoit eu un peu de courage, peut-être auroit-il trouvé des reffources. Loin de prendre quelques mefures, quelque réfolution vigoureufe, il ne montre qu'une ftupide lâcheté. Abandonné de fes gardes, faifi d'épouvante, il va fe cacher dans la maifon d'un affranchi. Le fénat s'affemble, le déclare ennemi de l'état, le condamne à être puni comme tel *felon l'ancienne coutume*, & proclame enfin Galba empereur. L'affranchi porte cette affreufe nouvelle à fon maître ; il lui explique *l'ancienne coutume* : c'étoit d'attacher le criminel à un poteau, & de le battre de verges jufqu'à la mort. Ne pouvant foutenir une telle idée, Néron effaie d'une main tremblante la pointe de deux poignards. Mais il n'ose s'en frapper : il dit que l'heure fatale n'est pas encore venue. Cependant des soldats approchent pour le saisir. Il se ranime, présente le poignard à sa gorge, demande du secours à son secrétaire, qui lui aide à l'enfoncer. Il meurt ainsi, âgé de trente ans, laissant un nom qui semble exprimer tous les crimes. La famille d'Auguste fut éteinte dans sa personne. Un Tibere, un Caligula, un Claude, un Néron; voilà ceux pour qui Auguste avoit usurpé l'empire du monde! ceux pour qui Rome avoit assujetti tant de peuples!

VI.

GALBA. — OTHON. — VITELLIUS.

An de J. C. 68.
Faute de Galba en montant sur le trône.

GALBA, retiré dans une ville d'Espagne, se croyoit perdu. Il pensoit à se donner la mort quand il apprit la révolution; il se hâta d'en profiter ; mais vieux, rigide, économe jusqu'à l'avarice, incapable de se plier aux circonstances, il ne trouva dans la souveraineté qu'un écueil & un naufrage.

A peine arrivé en Italie, Galba fait massacrer une légion de marine nouvellement créée, qui demandoit la confirmation de son établissement. Les prétoriens comptoient sur les sommes qu'on leur avoit promises, ou du moins en attendoient une partie. Il confond leurs espérances, en disant, qu'*un empereur choisit ses soldats & ne les achete point*. D'un autre côté, le peuple, que les spectacles & les largesses de Néron avoient aveuglé sur sa tyrannie, murmure de l'avarice d'un prince qui lui refuse les mêmes amusemens. Une foule de citoyens dépouillés de ce qu'ils avoient obtenu sous le dernier regne, s'indignent du renversement de leur fortune. Déjà l'armée de Germanie demandoit un autre empereur, c'est-à-dire, se proposoit d'en faire un. La révolte ne pouvoit manquer d'être bientôt contagieuse.

GALBA, OTHON, VITELLIUS. 143

Galba sentant sa foiblesse, chercha un appui dans Pison, moins distingué par son illustre naissance que par ses vertus. Il l'adopta. Un factieux, outré de la préférence que Galba venoit de donner à Pison, conjura la ruine de l'un & de l'autre. Ce rival étoit Othon, le mari de Poppée, le favori de Néron, avant que sa femme eût séduit le prince; courtisan décrié pour ses débauches & pour son luxe. Deux soldats entreprenans dirigerent le complot. Au jour marqué, on porte Othon dans le camp des prétoriens. La soldatesque le proclame empereur, les officiers sont entraînés par l'exemple. Pison & Galba s'efforcent en vain d'arrêter le cours du désordre: ils sont massacrés, & Othon se donne le plaisir de considérer leurs têtes sanglantes. Les proscriptions, la cruauté des successeurs d'Auguste avoient tellement éteint la plupart des anciennes familles, que depuis Galba il n'y eut aucun empereur qui en tirât son origine.

<small>Ce que fit Galba pour se soutenir.</small>

<small>Sa mort.</small>

Tandis qu'Othon, reconnu sans peine par le sénat, recevoit les hommages ordinaires de la flatterie, un concurrent venoit s'emparer de la puissance souveraine. Les légions de Germanie avoient proclamé empereur, avant le meurtre de Galba, Vitellius, leur commandant. Une partie des Gaules s'étoit déclarée en sa faveur. Valens & Cécina, ses généraux, devoient suppléer à son incapacité pour la guerre. Othon se disposoit à la soutenir.

<small>Regne & mort d'Othon.</small>

Les premieres hostilités furent malheureuses pour Vitellius. Enfin la bataille de Bédriac, entre Crémone & Mantoue, décida en sa faveur. Plus de quarante mille hommes y périrent de part & d'autre.

L'empereur étoit résolu de ne pas survivre lui-même à une défaite. Malgré les instances de ses amis & de ses troupes, il persista dans son dessein; il donna tranquillement ses derniers ordres; il s'occupa, comme Caton, de la sureté de ses partisans, & se perça ensuite d'un coup de poignard. Il n'avoit régné que trois mois.

Vitellius, encore moins digne de régner, apprit dans les Gaules que le sénat, selon la coutume, lui avoit déféré le

<small>Regne de Vitellius.</small>

pouvoir suprême. Il passa promptement en Italie; il se fit un plaisir cruel de visiter le champ de bataille, encore tout couvert de morts. L'odeur des cadavres soulevant le cœur de quelques-uns de ses courtisans : *Un ennemi tué sent toujours bon*, leur dit-il, *sur-tout un citoyen*. Parole exécrable, qui renferme tous les genres de barbarie. Rome vit un tyran stupide, toujours plongé dans le vin ou dans le sang, dont la gourmandise dévoroit des millions. Un tel regne, dans le temps où les armées donnoient ou ôtoient l'empire, ne pouvoit durer long-temps, & Vespasien menaça bientôt Vitellius.

Vespasien. Les légions d'orient, jalouses de voir les autres disposer de tout, voulurent faire aussi un empereur. Mucien, gouverneur de Syrie, détermina Vespasien à saisir l'occasion. Proclamé par les soldats en Egypte, en Syrie, en Judée, tout l'orient le reconnut. Mucien se met en marche; Antonius-Primus le devance, avec les armées de Mésie, de Pannonie, de Dalmatie. Vitellius ne sort de son assoupissement, qu'aux bruits de guerre dont il est frappé. Il ordonne à ses généraux, Cécina & Valens, d'aller combattre l'ennemi. Mais le premier n'étoit qu'un traître, le second qu'un débauché, dont le cortege ressembloit à un sérail. Primus est aux portes de Crémone. Il y gagne une bataille, suivie de la prise de cette ville, qui fut impitoyablement saccagée & réduite en cendres.

De toutes parts on se soumettoit à Vespasien. L'imbécille Vitellius l'ignoroit ou vouloit le faire ignorer. Il vivoit comme en pleine paix, sans rien diminuer de ses débauches, ni de son luxe; prodiguant les immunités & les priviléges pour de l'argent, & dissipant ses trésors pour de funestes & honteux plaisirs. Cependant Primus, général de Vespasien, approchoit de Rome. Alors l'empereur choisit le seul parti convenable à sa foiblesse. Il accepte les conditions que lui propose Flavius-Sabinus, frere aîné de Vespasien; il s'oblige à céder l'empire pour une pension considérable, avec la liberté de finir tranquillement ses jours en Campanie. Le traité conclu, il va en faire la lecture au peuple. Après lui
avoir

Nº 47.

GALBA, OTHON, VITELLIUS.

avoir recommandé les larmes aux yeux toute sa famille, il quitte son épée; il veut se dépouiller de toute marque du commandement. Ce triste spectacle attendrit & échauffe la multitude. On s'oppose à sa résolution, & on le reconduit par force au palais. Sabinus est attaqué. Il se retire dans le Capitole. Les cohortes germaniques l'y assiegent, & mettent le feu aux portes. Le temple de Jupiter est consumé par les flammes: Sabinus est pris, traîné aux pieds de Vitellius, & mis en pieces, malgré les efforts de ce prince pour fléchir une soldatesque furieuse.

Il ne restoit plus dès-lors aucune espérance de conciliation. Primus arrive. Son armée s'empare de la ville. On célébroit les Saturnales, fête pleine de licence & de folies. Tacite assure que le carnage & l'horreur de cette journée ne suspendirent point les divertissemens populaires. Vitellius, surpris dans la loge d'un esclave où il se cachoit, devint le jouet du même peuple qui venoit de lui témoigner un si vif attachement. La corde au cou, les mains liées derriere le dos, ses habits ignominieusement déchirés, il paroît dans la place publique comme un vil scélérat. On le couvre de boue; on l'accable d'insultes; on le fait expirer par mille tourmens, on traîne son corps avec un croc dans le Tibre; on porte sa tête au bout d'une lance. Quelle fin pour un empereur! C'est ainsi que dans les états les mieux policés, quand la licence a brisé le frein des mœurs & des loix, elle donne des spectacles que nous croirions à peine possibles sous le regne de la barbarie.

Pl. XLVII. Vitellius couvert d'opprobres, est conduit au supplice.

VII.

VESPASIEN.

An de J. C.
69.
Son regne.

VESPASIEN, modeste, laborieux, appliqué sans cesse aux soins du gouvernement, s'efforça de rétablir l'ordre, contint les troupes dans le devoir, sans flatter leurs passions; il rendit au sénat son ancien lustre, en le réformant & y portant les affaires; il fit des reglemens utiles pour l'administration de la justice; il réprima le luxe des tables, sur-tout par son exemple plus efficace que les loix; il opposa des réglemens sages à la licence des mœurs. Il ne se montroit souverain qu'en travaillant au bien public; & c'est par-là qu'un souverain mérite de l'être.

On lui reproche l'amour de l'argent. Titus, son fils, n'approuvant pas je ne sais quel impôt sur les urines, l'empereur lui présenta la premiere somme qu'on en avoit retirée, & lui demanda: *Cet argent sent-il mauvais?* Ses apologistes le justifient par la nécessité des conjonctures, car les finances étoient entiérement épuisées, & par le noble usage qu'il fit toujours de ses revenus.

Auguste avoit réduit la Judée en province romaine. De fréquentes révoltes, causées sur-tout par le fanatisme, entraînerent les Juifs au dernier malheur. Ils se croyoient destinés à soumettre les nations. Méconnoissant le Messie, que leurs prophetes avoient annoncé, & dont les mysteres étoient accomplis, ils attendoient chaque jour à sa place un libérateur. Quiconque se présentoit comme tel, pouvoit produire un soulévement. Les pharisiens taxoient d'idolâtrie tout ce qui ne s'accordoit point avec leurs idées & leurs pratiques religieuses. Les drapeaux des légions, les images des Césars leur faisoient horreur.

An de J. C.
70.
Guerre des Juifs.

Vespasien avoit été chargé par Néron de dompter les Juifs.

VESPASIEN.

Il ne lui restoit plus qu'à prendre la capitale, lorsqu'on le proclama empereur. Titus, son fils ainé, continua & termina la guerre par le siege de Jérusalem. La ruine de cette ville fut moins l'ouvrage des Romains que celui des Juifs. Divisés entr'eux, acharnés les uns contre les autres, ils devinrent leurs propres bourreaux. Une multitude innombrable remplissoit la ville. La discorde y renouvelloit sans cesse le carnage. Les zélateurs eux-mêmes, formant différens partis, se déchiroient avec autant de rage, qu'ils en montroient contre les Romains. La famine mit le comble à ces horreurs. Tout servit d'aliment ; une mere tua son fils pour le dévorer. Enfin, après avoir employé inutilement toutes les voies de douceur, Titus emporte la place d'assaut. Le temple est livré aux flammes ; Jérusalem est ensevelie sous ses ruines. Prise de Jérusalem.

Vespasien malade, près de mourir, voulut se lever sur son lit, en disant : *Il faut qu'un empereur meure debout* ; tant les devoirs de la souveraineté occupoient son ame. Il expira aussi-tôt, à l'âge de 59 ans. Supérieur quelquefois aux idées vulgaires, il avoit plaisanté des présages dont les autres étoient effrayés. Au sujet d'une comete à chevelure : » Si cet astre, dit-il, menace quelqu'un, c'est le roi des » Parthes qui a de longs cheveux, & non pas moi, qui suis » chauve ». Cependant il croyoit à l'astrologie & à la divination. Fin de Vespasien.

On met sous son regne le dernier dénombrement des citoyens. On prétend qu'entre l'Apennin & le Pô, il se trouva quatre-vingt-une personnes au-dessus de cent ans, dont huit en avoient plus de cent trente, & trois en avoient cent quarante. Ces sortes de faits paroissent fort douteux : ils étoient alors plus difficiles à vérifier, qu'ils ne le seroient aujourd'hui.

VIII.

TITUS.

An de J. C.
79.
Son regne.

Titus ne regna que pour faire des heureux. Loin de s'abandonner à l'ivresse du pouvoir suprême, il sacrifia ses penchans lorsqu'il se vit chargé du sort des hommes. Il renvoya Bérénice, fille du roi juif Agrippa, dont il étoit éperdûment amoureux, & la renvoya uniquement pour ne pas se rendre blâmable aux yeux des Romains, en épousant une étrangere. Le desir de faire du bien fut la passion dominante de l'empereur. *Mes amis, j'ai perdu ma journée*, dit-il à la fin d'un jour qu'il n'avoit pu signaler par aucun bienfait. Les graces répandues sur les courtisans peuvent être un fardeau sur le peuple. On devroit moins admirer la générosité de Titus, s'il n'y avoit pas joint l'économie, & si, donnant aux uns, il ne s'étoit pas occupé de l'intérêt de tous. Titus, en prenant le pontificat, avertit qu'il se croyoit obligé, comme pontife, de ne jamais se souiller du sang romain. Il n'en répandit jamais une goutte. Il pardonna, ou il ne punit qu'avec clémence. Le farouche Domitien, son frere & son ennemi, eut part à ses bienfaits. Il fit manger à sa table deux patriciens, convaincus de conspiration, que le sénat venoit de condamner au dernier supplice. Sévere pour les délateurs seulement, il prévint les maux qu'ils pouvoient faire.

Un si grand prince, appelé *les délices du genre humain*, meurt à quarante ans, après deux années de regne, & laisse l'empire à un monstre qui devoit long-temps l'opprimer. Tel est le sort déplorable des peuples.

Eruption du Vésuve.

Le principal événement de ce regne fut l'embrâsement du mont Vésuve. Deux villes entieres, Herculanum & Pompéies, disparurent sous des montagnes de cendres, mastiquées ensuite par les matieres fondues que vomissoit le volcan. Pline le

Naturaliste, qui commandoit la flotte de Misene, voulut obferver de près ce terrible phénomene. Sa curiofité lui coûta la vie. Jamais homme ne montra plus de paffion pour l'étude. A table, au bain, en voyage, & jufques dans les rues de Rome, il en étoit occupé. Perfuadé que des livres les plus mauvais, on peut tirer quelque chofe d'utile, il lifoit ou fe faifoit lire prefque tout. Son hiftoire naturelle eft un prodige d'érudition.

IX.

DOMITIEN.

Domitien, frere de Titus, eft le plus abominable des tyrans. La cruauté & la folie forment fon caractere. Il s'amufe à tuer des mouches dans fa chambre, il fe plaît de même à faire tuer des hommes. Il affembla un jour les principaux fénateurs & chevaliers dans une falle tendue de noir; il les fit dîner au milieu de l'appareil de la mort; il les renvoya chez eux avec la perfuafion qu'ils alloient être fes victimes. Après avoir bien joui de leurs alarmes, il les confola par des préfens.

An de J. C.
81.
Son caractere.

Un foulevement, qui fut bientôt étouffé en Germanie, fournit au tyran l'occafion d'exercer toute fa fureur. Alors la naiffance, les richeffes, les honneurs, les vertus devinrent des crimes. Le confulat, le facerdoce, les intendances plus lucratives, devinrent la récompenfe des délateurs. On corrompoit les efclaves pour avoir des accufateurs contre les maîtres; & les amis, en cas de befoin, tenoient lieu d'ennemis. Les plus refpectables citoyens périrent, comme criminels de lèfe-majefté; le fénat fut leur juge, c'eft-à-dire, l'inftrument forcé de la tyrannie.

Domitien fubit le fort commun des tyrans. Une confpiration fe forma dans fon palais même, & fa femme fe mit à la tête des conjurés. Ils l'assassinerent. Le sénat fit abattre ses statues. Les soldats voulurent en faire un dieu, parce qu'il les avoit comblés de largesses.

Agricola. Agricola, beau-pere de l'historien Tacite, & l'un des premiers hommes de son siecle, illustra ce regne par sa conduite & ses exploits dans la Grande-Bretagne, où Vespasien l'avoit envoyé commander. Il affermit la soumission des peuples déjà subjugués, en les gouvernant avec autant d'humanité que de justice, & en adoucissant leurs mœurs féroces par l'attrait des arts & des commodités de la vie. Il poussa ses conquêtes pendant sept campagnes. Ayant défait les Calédoniens, peuple du nord de l'Ecosse, il devoit assujettir l'île entiere, lorsque Domitien, jaloux de sa gloire, le rappela. Toujours modeste, circonspect, réservé, Agricola sut échapper au malheur qui poursuivoit alors la vertu & le mérite supérieur. Il mourut tranquille. La politique avoit dicté son testament, puisque le prince étoit institué son héritier, avec la femme & la fille du testateur. Domitien en fut flatté comme d'une marque d'estime. *L'adulation*, dit Tacite, *l'avoit tellement aveuglé & corrompu, qu'il ignoroit qu'un bon pere ne peut faire son héritier qu'un méchant prince.*

Apollonius de Tyane. En finissant cet article, disons un mot du célebre Pythagoricien Apollonius de Tyane, qui joua un rôle sous les derniers empereurs. Ce philosophe ne fut qu'un enthousiaste hardi, zélé, austere, vain, capable d'en imposer aux simples par des apparences de prophéties & de miracles. Après ses voyages dans les Indes & dans l'Arabie, il vint à Rome du temps de Néron, curieux, disoit-il, de voir *quelle bête c'étoit qu'un tyran.*

Il eut des entretiens à Alexandrie avec Vespasien, & lui donna d'excellens conseils, en particulier celui-ci : « Ne vous » enrichissez pas en chargeant le peuple d'impôts. L'or, » acheté par les larmes de vos sujets, seroit un or faux & » funeste. Soulager les misérables, conserver aux riches leurs » possessions légitimes, c'est le meilleur usage que vous puissiez » faire des richesses. Que la loi vous commande, vous établirez » de bonnes loix, si vous vous y soumettez le premier ».

X.

NERVA.

Nerva, sur qui les conjurés avoient jetté les yeux pour remplacer Domitien, étoit un vénérable vieillard plein de vertu; mais timide & foible, soit par son caractere, soit par son âge; ce qui donna lieu à ce mot d'un consulaire : *C'est un malheur d'obéir à un prince sous qui rien ne soit permis à personne : c'en est un aussi que tout soit permis à tous.*

Pour se ménager un appui, il adopta Trajan, homme le plus digne de commander aux nations. La mort de Nerva auroit été un grand malheur, s'il n'avoit pas dû lui succéder.

An de J. C.
96.
Son caractere.

XI.

TRAJAN.

Trajan, né en Espagne, fils d'un personnage consulaire, possédoit tous les genres de mérite, excepté celui de la science, auquel il suppléoit par son estime pour les savans. Se regardant comme le chef & non comme le maître de l'état, il jura d'observer les loix; il ne se distingua des sénateurs que par une plus grande assiduité au travail, & vécut, au milieu de ses sujets, en pere qui ne respire que le bonheur de ses enfans.

An de J. C.
98.
Son regne.

Le *fisc*, dit Pline, *dont la cause n'est jamais mauvaise que sous un bon prince, perdit souvent son procès.* Une sage économie, trésor inépuisable, mit l'empereur en état de diminuer les impôts, sans éprouver de besoins. Domitien avoit

152 HISTOIRE ROMAINE.

pris le titre de dieu, les Romains donnerent à Trajan celui de *Très-bon*. Il le méritoit d'autant plus, qu'aux vœux qui se faisoient tous les ans pour sa prospérité, il mit cette condition expresse: *S'il gouverne bien la république pour l'avantage de tous*. Il vainquit les Daces; & la colonne Trajane, qui subsiste encore, est un monument de sa victoire.

<small>Humanité de Trajan dans la guerre des Daces.</small>

<small>Pl. XLVIII. Il déchire ses vêtemens pour servir à bander les plaies des blessés.</small>

Cette guerre détruisit l'armée ennemie, mais coûta du sang aux Romains. Il y en eut beaucoup de tués, un plus grand nombre encore de blessés. Trajan montra à l'égard des uns & des autres les sentimens d'un prince plein de bonté. Comme la multitude des blessés étoit telle, que les bandages manquoient aux plaies, il déchira pour cet usage ses propres habits. Il rendit aussi les derniers honneurs aux morts avec pompe, & voulut qu'on célébrât tous les ans leur mémoire par un sacrifice solemnel.

Trajan mourut en Cilicie après un regne de dix-neuf ans. On lui reproche d'avoir trop aimé le vin. Il avoit, dit-on, défendu d'exécuter les ordres qu'il donneroit après de longs repas.

<small>Ecrivains qui florissoient alors.</small>

Pline le jeune, fils adoptif & neveu du naturaliste, fut un des ornemens de ce beau regne, ainsi que Tacite, son ami; tous deux moins distingués par les honneurs du consulat, que par leur probité, leurs talens & leurs ouvrages. *Siecle heureux*, dit Tacite, *où il est permis de penser ce qu'on veut, & de dire ce qu'on pense*! Juvénal écrivit alors ses satyres, où les vices sont attaqués avec véhémence. Trajan aima le sage Plutarque, & le fit consul. Ce Béotien a fait de l'histoire une école de morale: il mérite par-là les plus grands éloges.

N.° 48.

XII.

ADRIEN.

ADRIEN, proche parent de Trajan, dont il se disoit le fils adoptif, s'étant fait proclamer d'abord à Antioche par les soldats, écrivit au sénat pour s'excuser d'avoir prévenu ses suffrages, & cédé à l'empressement des légions. Comme Trajan, Nerva & Titus, il promit d'abord de ne faire mourir aucun sénateur. Cependant quatre consulaires furent mis à mort au sujet d'une conspiration. Il assura que c'étoit malgré lui ; on ne le crut point. Il déchargea les peuples, en leur remettant tout ce qui étoit dû au fisc ; il distribua des largesses à chaque citoyen ; il pardonna même les injures, & dès qu'il fut le maître : *Vous voilà sauvé*, dit-il à l'un de ceux qui devoient craindre davantage son ressentiment. *An de J. C.* 117. Son regne.

Il mérita le titre de législateur, par des ordonnances pleines de sagesse. Il ôta aux maîtres le pouvoir de vie & de mort sur leurs esclaves ; il restreignit considérablement la loi barbare qui ordonnoit le supplice de tous les esclaves d'un maître assassiné. De tous les édits annuels des anciens préteurs, où les loix étoient interprétées d'une maniere trop variable, il fit recueillir ce qu'il y avoit de meilleures décisions, & en composa un édit perpétuel pour servir de loi permanente. Ses loix.

La discipline militaire ne fut pas moins observée que la justice. Le prince donnoit l'exemple aux soldats. Il marchoit à pied, comme Trajan, chargé d'une pesante armure. Exact sans petitesse, sévere avec douceur, libéral avec prudence, il se fit adorer des soldats en les assujettissant au devoir. Le calme & la sécurité furent le fruit de ses soins.

Les Juifs étoient toujours fanatiques, séditieux & rebelles. Un temple élevé à Jupiter dans Jérusalem, ranima jusqu'à la fureur leur haine contre les Romains. Ils crurent trouver Les Juifs punis.

V

le Meſſie dans Barcochébas, brigand, qui prit hardiment ce titre; ils ſe raſſemblerent ſous ſes drapeaux. La punition des rebelles répondit à leur féroce fanatiſme. On compte cinq cens quatre-vingt mille Juifs exterminés en trois campagnes. Le reſte fut vendu & tranſporté ailleurs. Ils eurent défenſe de remettre les pieds dans Jéruſalem, que l'empereur rebâtit ſous le nom d'Ælia Capitolina. Leurs deſcendans, diſperſés par tout l'univers, n'ont ceſſé de haïr les autres peuples, & d'être en butte à leurs mépris & à leurs outrages.

Sa fin. Une maladie de langueur, dont Adrien fut attaqué, aigrit ſon caractere, le rendit cruel: il verſa le ſang de pluſieurs illuſtres perſonnages. N'ayant point d'enfans, il adopta Antonin. Nul homme n'étoit plus digne de l'empire. Florus & Suétone écrivirent ſous ce regne, ainſi qu'Arrien, diſciple d'Epictete, homme d'état & hiſtorien fort ſupérieur aux deux autres. La philoſophie morale d'Epictete eſt eſtimable. Il réduiſoit ſa doctrine à ces deux points: *Souffrir avec patience, jouir avec modération.* Il pratiqua ce qu'il enſeignoit, & ſa vertu fut éprouvée par l'infortune.

XIII.

ANTONIN.

An de J. C.
138.
Ses vertus.

ANTONIN, originaire de Nîmes, d'une ancienne famille illuſtrée depuis peu de temps, donna ſur le trône l'exemple de toutes les vertus; mais ſon regne pacifique ne fournit point d'événemens à l'hiſtoire.

Dès le commencement il ſignale ſa clémence, en arrêtant les recherches au ſujet d'une conſpiration: *Quel malheur pour moi*, dit-il, *ſi l'on trouvoit que je fus haï d'un grand nombre de mes concitoyens!*

Non-ſeulement il ménage avec ſoin les finances de l'état, mais il regarde ſon propre bien comme celui de la république.

ANTONIN.

Sa femme Faustine lui reprochant de prodiguer son patrimoine, pour épargner le trésor, il lui répond: *Nous n'avons plus de propriété, depuis que nous sommes parvenus à l'empire.* Ces sentimens généreux ne l'empêcherent pas de retrancher plusieurs pensions accordées sans raison sur le trésor: *Car, dit-il, c'est une chose indigne & cruelle que la république soit rongée par ceux qui ne lui rendent aucun service.*

Antonin mourut universellement regretté, à l'âge de soixante-treize ans. Il avoit adopté, du vivant de son prédécesseur, Marc-Aurele & Vérus. Mais juste appréciateur du mérite, il avoit donné sa fille en mariage au premier, qui méritoit toute sa confiance; & il avoit éloigné du gouvernement Vérus, qui ne respiroit que les plaisirs. C'étoit désigner son successeur. Il laissa le nom d'Antonin si respectable, que tous les empereurs, pendant près d'un siecle, se firent gloire de le porter, comme celui d'Auguste. Très-peu furent capables de le soutenir.

Sa mort.

XIV.

MARC-AURELE.

MARC-AURELE fut proclamé par les sénateurs, ainsi que Vérus, son frere adoptif, qu'il eut la générosité de se donner pour collegue. Ainsi deux princes partagerent la puissance pour l'exercer en commun. Cet empereur justifia le mot de Platon: *Les peuples seront heureux, quand ils auront des philosophes pour rois, ou que leurs rois seront philosophes.* Il ne commandoit point au sénat; il prenoit & suivoit ses conseils. Nul sénateur n'étoit plus exact que lui aux assemblées. Econome du bien public, il ne croyoit pas même pouvoir récompenser les soldats, au préjudice du peuple.

An de J. C.
161.
Ses vertus.

Modele de toutes les vertus, zélé pour les mœurs, il n'outroit rien, parce qu'il connoissoit les foiblesses de la nature. *Ne pouvant faire les hommes tels qu'on souhaite-roit*, disoit-il sagement, *il faut les supporter tels qu'ils sont, & en tirer tout l'avantage possible*. Maxime excellente, qui doit faire sentir aux enthousiastes la vanité de leurs systêmes de perfection. C'est par ce principe que Marc-Aurele se prêta au goût ou plutôt à la manie des Romains pour les spectacles, même pour les pantomimes; il en donna de magnifiques, il y assistoit, mais en s'occupant des affaires d'état.

Ses guerres, Cependant plusieurs peuples de Germanie menaçoient les frontieres de l'empire. Marc-Aurele marcha contr'eux. Il resta cinq ans en Pannonie, supportant des fatigues prodigieuses. Dans cette expédition mourut Vérus, dont les vices l'inquiétoient. Il remporta sur les barbares une victoire célebre, regardée généralement comme l'effet de la protection du ciel. Les Romains mouroient de soif. Tout-à-coup survint un orage qui leur procura de la pluie, & qui accabla de grêle & de foudres les ennemis. Selon des auteurs ecclésiastiques, les prieres de la légion *fulminante*, qu'ils disent toute composée de chrétiens, furent cause de ce prodige; & Marc-Aurele le reconnut par une lettre que cite Tertullien. Mais comme la vérité du christianisme est indépendante de pareilles traditions, nous ne craindrons pas d'avouer avec d'excellens critiques, les Pagi, les Tillemont, &c. l'incertitude d'un fait dénué de preuves solides.

Ses défauts. Ce bon prince faisoit quelquefois des fautes par sa bonté trop molle & presque lâche. Faustine, son épouse, étoit une autre Messaline. Au lieu de la répudier ou de la réduire à la décence, il donna des dignités aux complices de ses débauches. Il la décora d'un titre inconnu, & l'appela *mere des camps & des armées*. Il lui fit rendre après sa mort les honneurs divins, il éleva des monumens à sa mémoire. Quoique son fils Commode fût un monstre, il lui conféra la puissance tribunitienne, & le fit déclarer Auguste ; exemple inouï jusqu'alors. Il chassa ensuite du palais les hommes sans mœurs, dont le jeune prince étoit assiégé ; mais il les rappela pour

MARC-AURELE. 157

le guérir d'une maladie feinte ou réelle ; & Commode ne mit plus de frein à ses passions. L'empereur avoit un gendre capable de gouverner ; il pouvoit en faire son fils par l'adoption : la forme du gouvernement établi ne déterminoit point son successeur, & la tendresse paternelle devoit céder au bien de l'état. On ne peut guère l'excuser, qu'en supposant que cette tendresse l'aveugloit.

Marc-Aurele mourut en Pannonie, où la guerre l'avoit rappelé. Son regne fut celui de la vraie philosophie, qui fait des sages & non des discoureurs. Il a laissé un recueil de ses maximes. On y voit un souverain philosophe, tout pénétré de ses devoirs, ne respirant que justice & humanité, comptant pour rien tout mérite de parade, auquel manque le fondement du vrai mérite, la vertu. Sous un tel prince la philosophie morale ne pouvoit manquer d'être florissante. Mais plusieurs couvrirent leurs passions du manteau de philosophe, & furent hypocrites pour s'insinuer dans la confiance d'un sage. L'ingénieux Lucien tourna en ridicule les faux sages, ainsi que les faux dieux.

Sa mort. Sa philosophie.

XV.

COMMODE.

Commode eut les mêmes goûts que Néron, & marcha sur ses traces, bien loin d'imiter son pere. Il finit la guerre de Germanie, en achetant la paix des barbares. Gouverné par de vils flatteurs, livré aux débauches les plus monstrueuses, se faisant un jeu de verser le sang, il devint en peu de temps si détestable, que sa propre sœur Lucile trama contre lui une conspiration. Le jour qu'on devoit l'assassiner, Quintien, jeune sénateur, qui vouloit porter le premier coup, tira son poignard, en criant : *Voilà ce que le sénat t'envoie.* Le

An de J. C. 180. Son regne.

complot échoua; Lucile fut mise à mort avec plusieurs hommes de marque. L'empereur, frappé du mot de Quintien, prit le sénat en aversion; & ce corps illustre, que les bons princes avoient tiré de l'esclavage, fut opprimé plus que jamais.

Pérennis, préfet du prétoire, s'étoit emparé de la confiance de Commode à force de bassesses; il forma une autre conjuration, le complot fut révélé. On fournit des preuves contre le ministre; il fut déclaré ennemi de la patrie, & livré aux soldats qui le massacrerent.

Ce monstre, également méprisé & détesté, n'avoit pas même la précaution des autres tyrans, de gagner le peuple par des largesses; il mettoit toute sa politique à corrompre les soldats par une pernicieuse licence. Il n'épargnoit du reste personne, & se faisoit de ses propres domestiques autant d'ennemis. Il venoit d'écrire une longue liste de gens de sa maison, qu'il dévouoit à une mort prochaine. On la découvrit par hasard. Sa concubine Marcia, proscrite avec les autres, se hâte de prévenir le moment fatal, elle empoisonne le tyran, & le fait ensuite étrangler par un gladiateur. Le sénat, le peuple signalerent leur haine contre sa mémoire. A l'âge de trente-un ans il avoit, en quelque sorte, épuisé les horreurs de la scélératesse.

XVI.

PERTINAX. — DIDIUS-JULIANUS.

An de J. C. 193. Regne de Pertinax.

PERTINAX étoit un vieillard de basse naissance, qui, sous Marc-Aurele, s'étoit élevé par ses services militaires & par ses vertus. Le sénat & le peuple reconnurent avec transport un prince vraiment respectable.

Bientôt on voit renaître le gouvernement des Antonins. En trois mois, les loix reprennent vigueur, les dettes sont acquittées, les finances sont rétablies. Pertinax trouve le

PERTINAX. DIDIUS-JULIANUS.

moyen d'augmenter ses revenus sans mettre d'impôts : il donne les terres incultes à quiconque veut les cultiver ; il encourage les cultivateurs, par une exemption d'impôts pour dix ans. Il étoit persuadé, avec raison, que l'agriculture est une mine inépuisable, où la fortune des particuliers fait toujours celle de l'état.

Mais les prétoriens avoient trop goûté la licence, pour se soumettre patiemment à la discipline. Un prince réformateur leur paroissoit un tyran. Leur préfet Létus les excita contre lui à la révolte. Ils coururent au palais, ils assassinerent ce grand homme. L'empereur mourut sans se défendre, enveloppé de sa toge, & invoquant Jupiter vengeur. Son regne de trois mois méritoit l'immortalité.

Révolution que produisit la licence des troupes.

On vit alors jusqu'où peuvent aller des soldats sans frein & sans honte. Ils avoient souvent donné l'empire pour de l'argent : ils le mettent à l'enchere. Deux acheteurs se présentent, Sulpicien, beau pere de Pertinax, & Didius-Julianus, homme distingué par sa naissance. Le dernier l'emporte, & la crainte oblige le sénat de confirmer cet infâme marché.

Au moment que Didius prenoit possession du trône avili, le peuple fit éclater son ressentiment. On invite Niger, gouverneur de Syrie, général de réputation, à venger & à gouverner l'état. Ses troupes le proclament empereur ; les provinces d'orient le reconnoissent. S'il avoit usé de diligence, tout lui assuroit un succès facile. Mais tandis qu'il s'amuse avec trop de sécurité, un dangereux compétiteur profite des conjonctures. Les légions d'Illyrie étoient sous les ordres de Septime-Sévere, qui joignoit à l'ambition beaucoup de génie, d'activité & d'adresse. En déplorant le meurtre de Pertinax, en affectant le desir de le venger, il se fait proclamer lui-même. Voilà trois empereurs à la fois, dont le titre émane des soldats.

Regne de Didius.

Sévere marche vers Rome. Il ne trouve aucune résistance. Didius consterné, offre de partager le pouvoir suprême. Sévere ne vouloit point de partage. Les prétoriens, qu'il avoit gagnés, abandonnent Didius, & le sénat le condamne : il est exécuté, en criant : *Quel crime ai-je commis ?* Cet imbecille vieillard, après avoir marchandé & acheté l'empire, se croyoit sans reproche, parce qu'il n'avoit point commis de barbarie en soixante-six jours de regne.

XVII.

SEPTIME-SÉVERE.

An de J. C. 193. Son regne.

ON craignoit Sévere à Rome, & ce n'étoit pas sans raison. Le sénat lui envoya des députés. Il les reçut au milieu de ses gardes; mais en les congédiant, il leur distribua des largesses. Il fit son entrée à la tête d'environ soixante mille hommes, se rendit au sénat, exposa les motifs de sa conduite, jura de respecter la vie des sénateurs. Il voulut que l'on décidât, par un décret, qu'il ne lui étoit pas permis d'en faire mourir aucun, sans le consentement du sénat, & qu'en cas d'infraction de ce décret, il seroit déclaré ennemi public. Mais le pouvoir de l'épée rendoit aisément le souverain maître des loix. Sévere se souilla, pendant son regne, du sang d'une foule de sénateurs.

Les affaires de Rome ainsi terminées promptement, il passa en Asie, où Niger avoit un parti considérable. Trois batailles, gagnées par ses généraux, lui assurerent la possession de l'empire.

Caractere de Plautien.

Avec un génie peu différent de celui de Tibere, Sévere tomba aussi dans le piege de la flatterie : il avoit un autre Séjan, Plautien, né comme lui en Afrique, abusoit insolemment de son pouvoir. Plus maître de l'état que le prince, il commandoit les supplices, il s'enrichissoit par les rapines. Un officier de justice, à qui l'empereur ordonnoit de mettre une affaire sur le bureau, répondit : *je ne le puis sans l'ordre de Plautien.*

Ce ministre avoit fait épouser sa fille à Caracalla, fils aîné de l'empereur, & il fut assassiné par son propre gendre. Caracalla

SEPTIME-SÉVERE.

Caracalla étoit un monstre. Sévere l'ayant conduit dans la Grande-Bretagne pour une expédition, il y poussa la fureur jusqu'à tenter publiquement un parricide. On l'arrêta par de grands cris. Sévere fait venir dans sa tente le prince dénaturé; & lui présentant une épée devant Papinien, préfet du prétoire : « Si vous êtes résolu, lui dit-il, d'être le meurtrier » de votre pere, exécutez ici votre dessein; ou si vous n'osez » répandre vous-même mon sang, ordonnez à Papinien de le » faire. Vous êtes son empereur ; il obéira ». Cette leçon touchante eut peu d'effet. Le monstre forma une conspiration l'année suivante pour détrôner l'empereur, qui punit les séditieux, & épargna encore son fils.

Sévere, déjà malade, ne put résister à tant de chagrins. Sentant approcher la mort, il s'écria : *J'ai été tout, & tout est bien peu de chose.* Il se fit apporter l'urne où l'on devoit mettre ses cendres, & dit à cette vue : *Tu renfermeras celui que l'univers n'a pu contenir.* On ajoute qu'ayant fait lire à ses enfans, dans Salluste, le discours de Micipsa mourant à ses fils & à Jugurtha, il s'en appliqua ces paroles : *Je laisse à mes fils un empire puissant, s'ils ont de la vertu, foible, s'ils sont méchans.* Il mourut à Yorck dans la soixante-sixieme année de son âge. Ses vices étoient mêlés de vertus & de grands talens ; caractere équivoque, où le bien & le mal forment un contraste singulier. Il aimoit les lettres, & avoit écrit en latin les mémoires de sa vie.

Mort de Sévere.

Tertullien écrivit sous ce regne sa fameuse apologie des chrétiens, alors persécutés en vertu des anciennes loix. « Nous » remplissons, dit-il, vos villes, vos bourgades, votre sénat, » vos armées ; nous ne vous laissons que vos temples & » vos théâtres ». Ce mot ne laisse aucun doute sur les progrès du christianisme.

XVIII.

CARACALLA & GÉTA. — MACRIN.

An de J. C.
211.
Crimes de Caracalla.

Lorsque Sévere voulut s'associer son fils aîné, alors connu sous le nom de Bassien, ce nom fut changé en celui de Marc-Aurele-Antonin, nom trop respectable pour s'allier avec l'idée d'un tyran. Aussi le sobriquet de *Caracalla* s'est-il perpétué dans l'histoire. Géta régna d'abord conjointement avec son frere. Leur haine mutuelle s'enflammant de jour en jour, ils formerent un projet de partage, tel qu'on le vit s'exécuter dans la suite. L'aîné devoit avoir l'occident, & le cadet l'orient. Leur mere Julie les détourna d'une nouveauté qui révoltoit les esprits ; c'étoit pourtant l'unique moyen de prévenir un fratricide.

Caracalla fait assassiner son frere entre les bras même de Julie. Il vole au camp des prétoriens ; il leur déguise son crime ; il leur accorde d'immenses largesses : il est reconnu seul empereur. Environné de ses gardes, il passe au sénat, se justifie comme il peut, & consent à l'apothéose de son frere. Il rappelle tous les exilés, criminels ou non, afin de se donner un air de clémence : comme s'il étoit possible de paroître bon, après les plus grandes preuves de méchanceté.

On ne tarda guère à juger par les faits, de cette clémence. Tous les amis de Géta furent massacrés. Vingt mille personnes furent enveloppées dans le carnage. Les plus illustres sénateurs tomberent sous la hache du bourreau ; entr'autres Papinien, célebre jurisconsulte que Sévere avoit fait préfet du prétoire. L'empereur lui avoit demandé une apologie pour le meurtre de Géta. Voici la réponse de Papinien, dictée par la vertu la plus courageuse : *On ne justifie pas un parricide aussi aisément qu'on le commet : & c'est un second parricide que de diffamer un innocent, après lui avoir ôté la vie.*

CARACALLA, MACRIN.

Nul excès ne doit plus étonner dans Caracalla. La substance des peuples étoit destinée aux soldats, car le tyran n'avoit qu'eux pour le soutenir. Sa mere lui représentant un jour qu'il ne lui restoit plus aucun moyen de faire de l'argent : *Tant que j'aurai cela*, répondit-il en portant la main à son épée, *l'argent ne me manquera point.*

Les expéditions militaires de l'empereur ne furent que des preuves de folie. Il adoroit Alexandre au point qu'il vouloit avoir une phalange macédonienne. S'imaginant marcher sur ses traces, il parcourut une grande partie des provinces. Il acheta la paix avec les Germains ; il prit des Gaulois un habillement nommé *Caracalle*, d'où lui est venu son nom ; il se décora du titre de Parthique, sans avoir vaincu, ni même vu les Parthes ; il extermina par trahison les Alexandrins, pour se venger d'une raillerie. *Ses expéditions ridicules.*

Il vouloit se défaire de Macrin, préfet du prétoire, né en Mauritanie, qui, à force d'étude & de travail, s'étoit retiré de l'état obscur où sa naissance l'avoit réduit. Macrin connut le danger, & le prévint. Il fit assassiner l'empereur. Il se fit proclamer par les troupes, & bientôt reconnoître par le sénat. Cet usurpateur ne jouit pas long-temps de sa fortune. Une femme ambitieuse, Mæsa, sœur de l'épouse de Sévere, fut cause de la révolution. Elle produisit le jeune Héliogabale, son petit-fils, prêtre du soleil, parent de Caracalla. Elle corrompit par ses libéralités une légion campée près d'Emese en Syrie, lieu de sa naissance. Cette légion reçoit Héliogabale & le proclame. Des troupes envoyées par Macrin contre les rebelles, se joignent à eux. Il est lui-même vaincu ; il se sauve d'Antioche, traverse en fuyant l'Asie-mineure ; on le prend & on le tue. Un projet de réforme militaire lui avoit attiré la haine des troupes. *Sa fin. Fin de Macrin.*

XIX.

HÉLIOGABALE.

An de J.C. 218.
Ses cruautés.

LES Caligula, les Néron, les Domitien, semblent revivre dans un jeune homme de quatorze ans; ou plutôt Héliogabale semble ne monter sur le trône que pour les surpasser tous. En écrivant au sénat, il prend tous les titres de la puissance souveraine, que personne jusqu'alors, pas même les tyrans, n'avoient pris que par un décret du sénat. Il s'annonce comme l'imitateur d'Auguste & de Marc-Aurele, tandis qu'il n'a dans le cœur que de la bassesse & des vices infâmes.

Avant son départ d'Asie, il tue de sa propre main Gannys, son gouverneur, à qui il étoit sur-tout redevable de sa fortune. Il donne toute sa confiance à Eutychien, vil bouffon, & il accumule sur sa tête les premieres dignités. Arrivé à Rome, il fait entrer au sénat Mæsa, son aïeule, exemple unique dans cette histoire. Il établit un sénat de femmes pour prononcer sur les modes, les voitures & sur d'autres bagatelles semblables. Il change d'épouse chaque année : il se marie comme femme à un esclave, auquel il donne tout pouvoir, & se plonge publiquement dans de si horibles débauches, qu'on ne peut même en supporter le récit.

Sa mort.

Comme on prévoyoit qu'il ne régneroit pas long-temps, on lui avoit fait adopter son cousin Alexien, connu sous le nom d'Alexandre Sévere. Le nouveau César fut bientôt l'objet de sa fureur : il tenta plusieurs fois de l'assassiner. Les prétoriens se révolterent pour Alexandre, & tuerent Héliogabale, avec sa mere Soémis. Il n'avoit que dix-huit ans. C'est le treizieme empereur qui meurt de mort violente. La plupart de ses successeurs finiront de même.

X X.

ALEXANDRE SEVERE.

ALEXANDRE, âgé seulement de seize ans, étoit exposé à la séduction, & par sa jeunesse, & par la puissance impériale; mais un bon naturel, cultivé avec soin, profite des exemples même du vice, pour s'attacher à la vertu. Mæsa, son aïeule, & Mamée, sa mere, le garantirent des pieges de l'adulation, en éloignant les corrupteurs. Elles lui formerent un conseil de seize sénateurs respectables; les célebres Jurisconsultes Ulpien & Paulus furent du nombre. Les loix devoient donc enfin reprendre leur autorité. Toutes les vertus des bons princes se trouvent dans le gouvernement d'Alexandre. Il suffit de dire qu'il avoit sans cesse devant les yeux cette maxime, consacrée par la religion chrétienne : *Faites aux autres ce que vous voulez qu'ils vous fassent.*

<small>An de J. C. 222.</small>

Une grande révolution changeoit la face de l'orient, & intéressoit les Romains. L'empire des Parthes, établi par Arsace l'an de Rome 502, s'étoit constamment soutenu malgré les efforts de Rome. Les Parthes pouvoient se glorifier d'être invincibles. Tout-à-coup ils disparurent comme engloutis dans une autre domination. Artaxerxès, héros de Perse, se rendit maître de l'empire des Arsacides, qui subsistoit depuis quatre cens soixante-quinze ans, & qui comprenoit alors dix-huit royaumes ou grandes provinces.

Enflé de sa puissance & de ses succès, Artaxerxès entreprit de faire la guerre aux Romains. Alexandre marcha contre les Perses. Une légion s'étant mutinée, il eut le courage de faire un exemple en la cassant : *Bourgeois*, cria-t-il, *retirez-vous & quittez les armes.* Les mutins obéirent. Peu de tems après, il rétablit la légion. Attentif à maintenir la discipline, il y joignit toujours les sages tempéramens de la bonté & de la douceur.

<small>Son expédition contre les Perses.</small>

Selon Hérodien, & tous les auteurs orientaux, Alexandre fut entièrement vaincu par les Perses; au lieu que, selon Lampride, il remporta sur eux une victoire complette. Voilà un exemple insigne de l'incertitude où nous jettent souvent les historiens.

L'empereur revint à Rome, parce que les Germains ravageoient les Gaules. Il triompha des Perses; il prit aussi-tôt la route de Germanie.

Maximin. Un des principaux officiers de l'armée étoit Maximin, né en Thrace, Goth d'origine, simple pâtre dans sa jeunesse, devenu soldat sous le regne de Sévere, élevé par Héliogabale au rang de tribun, chargé par Alexandre de former les nouvelles troupes qui venoient de la Pannonie. Sa taille gigantesque, sa force prodigieuse, son courage, sa vigilance, son exactitude aux devoirs de la milice, avoient contribué à sa fortune. Ce barbare osa porter ses vues jusques sur le trône.

Fin d'Alexandre. Le vertueux Alexandre fut égorgé n'ayant que vingt-six ans.

Sa vénération pour les grands hommes en tout genre, étoit si profonde, qu'il leur rendoit une espece de culte dans son palais. Il y honoroit Jésus-Christ parmi les sages; mais il lui associoit Apollonius de Tyane. Un de ses principaux soins fut toujours de ne confier les dignités qu'à ceux qu'il en jugeoit dignes. Les vendre lui paroissoit une chose détestable. *Quiconque achete,* disoit-il, *vend à son tour; & l'on ne peut punir quelqu'un pour avoir vendu, après qu'on lui a permis d'acheter.* Il n'épargna point, malgré sa clémence, les voleurs publics, les concussionnaires, ni une espece de brigands de cour, qu'on appeloit *vendeurs de fumée.* Ces derniers trafiquoient de leur crédit, réel ou supposé, auprès du prince, & extorquoient de l'argent, tantôt par l'espérance des graces, tantôt par la crainte des mauvais offices.

XXI.

Successeurs d'Alexandre Sévère, jusqu'à Aurélien.

Depuis la mort d'Alexandre dans un espace de cinquante années, on compte plus de cinquante Céfars, qui, avec ce titre, ou légitime, ou ufurpé, paroiffent fur la fcene pour fe difputer l'empire. Proclamés, maffacrés par les foldats, ils font le jouet de la cruauté & de la fortune. Le gouvernement établi par Augufte n'étant fondé que fur le pouvoir de l'épée, devoit dégénérer ainfi, lorfque les foldats corrompus auroient appris qu'ils étoient les maîtres.

Succeffeurs d'Alexandre Sévère.

Maximin, proclamé par les troupes, reconnu par le fénat qui ne pouvoit rien, porta fur le trône fa férocité naturelle, irritée encore par le chagrin de voir qu'on fe fouvenoit de fa naiffance. Ses cruautés furent auffi-tôt fuivies de confpirations. Quelques troupes nommerent un autre empereur, qu'un traître affaffina au bout de fix jours. Enfin l'Afrique fe fouleve. Gordien, proconful de cette province, homme illuftre, riche, généralement aimé, y eft déclaré empereur avec fon fils. Rome confirme fon élection ; le fénat déclare Maximin ennemi de la patrie ; mais le gouverneur de Numidie, ennemi des Gordiens, les attaque & les fait périr.

An de J. C. 235. Maximin.

Gordien.

Le fénat leur nomme deux fucceffeurs, Maxime & Balbin, auxquels le peuple fait joindre Gordien III (*) en qualité de Céfar. Maximin, refpirant la vengeance, approchoit de l'Italie. Tandis qu'il affiege Aquilée, les prétoriens le tuent, lui & fon fils. On l'appeloit communément un Bufiris, un

Maxime & Balbin. Gordien III.

(*) Les regnes de Gordien III, de Philippe, de Dece, de Gallus, d'Emilien, de Valérien, de Gallien, de Claude, ne doivent point nous arrêter. On y trouve une confufion de faits, qui ne fert qu'à fatiguer la mémoire. Remarquons feulement que Valérien tomba entre les mains de Sapor, roi de Perfe, & qu'il mourut fon prifonnier, traité comme un vil efclave.

Cyclope ; & ces noms odieux n'exprimoient pas toute la haine qu'inspiroit sa tyrannie.

Un gouvernement équitable commençoit à dissiper les maux publics. Les prétoriens firent bientôt évanouir ces espérances. Indignés de voir des empereurs qui n'étoient pas leurs créatures, craignant de leur part le traitement qu'ils méritoient, ils se jetterent dans le palais, lorsque le peuple étoit assemblé à des jeux ; ils saisirent Maxime & Balbin, les traînerent par les rues, en les accablant de coups & d'outrages, les massacrerent enfin avec la derniere fureur. On ne connoissoit plus qu'à de tels exploits les gardes des empereurs, ou plutôt les maîtres de l'empire.

XXII.

AURÉLIEN.

An de J. C. 270.

APRÈS Claude, prince très-estimable, dont le regne fut trop court, régna Aurélien, capable de le remplacer, du moins par les talens militaires. Les barbares, qui attaquoient l'empire, inonderent l'Italie, & le battirent près de Plaisance. Mais il se vengea promptement par trois victoires, suivies de la paix. Rome avoit tremblé : il entreprit de relever ses murailles & de la fortifier. La guerre contre Zénobie l'appela en orient.

Sa conduite à l'égard de Zénobie.

Cette héroïne ambitieuse, politique, savante, veuve d'Odenat, prince de Palmyre, avoit envahi l'Egypte, & soumis à sa domination la Cappadoce & même la Bithinie, d'où le passage en Europe étoit facile. Ses vues embrassoient l'empire romain ; son courage égaloit son ambition. Mais la supériorité des Européens sur les Asiatiques dans la guerre, devoit un jour lui être fatale. Aurélien la chasse d'Antioche, défait son armée, la poursuit & l'assiege dans Palmyre, ville également forte & magnifique, fournie d'abondantes provisions.
Il

AURÉLIEN.

Il écrit à Zénobie une lettre impérieuse, & reçoit une réponse pleine de fierté. Après un long siége, la disette devenant extrême, Zénobie s'enfuit pour aller demander du secours aux Perses. On l'arrête au bord de l'Euphrate. On l'amene à Aurélien. Il lui reproche en colere son audace à insulter les empereurs romains : *Je vous reconnois pour empereur*, répond-elle, *vous qui savez vaincre ; Gallien & ses semblables ne m'ont point paru dignes de ce nom*.

Le vainqueur lui accorda la vie ; mais il fit mourir Longin, comme l'auteur de la lettre qu'elle lui avoit adressée. C'est une tache pour sa gloire, que d'avoir répandu le sang d'un homme de lettres, encore admiré de nos jours dans son traité *du sublime*. Mort de Longin.

Tétricus, usurpateur, régnoit dans la Gaule, mais au milieu de séditions continuelles, qui le faisoient soupirer pour l'état de particulier. Il se jetta dans les bras d'Aurélien, & se mit en son pouvoir dès le commencement d'une bataille donnée à Châlons-sur-Marne. Zénobie & Tétricus ornerent le triomphe de l'empereur. L'un & l'autre furent traités ensuite avec bonté.

Zénobie vécut en dame romaine. Tétricus eut un commandement en Italie. *Il est plus beau*, lui dit Aurélien, *de gouverner un canton de l'Italie, que de régner au-delà des Alpes*. Les choses ont bien changé, & l'opinion aussi.

Naturellement très-sévere, il s'appliqua cependant à gagner le peuple par des largesses. Au lieu des distributions ordinaires de bled, il en fit de pain & de vêtemens ; il y auroit ajouté du vin, si quelqu'un ne lui eût représenté avec esprit, qu'il ne resteroit plus qu'à fournir au peuple de la volaille. Ces dangereuses largesses rendoient le peuple avide, paresseux & insolent. Un bon gouvernement fournira du travail aux pauvres, & non des moyens de croupir dans la fainéantise. Aurélien disoit : *Rien n'est plus gai que le peuple quand il a bien mangé*. Mais ce même peuple entroit en fureur, quand on ne contentoit pas ses caprices. Son gouvernement.

En caressant ainsi la multitude, Aurélien ne négligeoit pas les affaires du gouvernement. Il maintenoit l'ordre & la justice ;

il févissoit contre le crime ; il n'épargnoit point ces hommes durs qui vexent les citoyens, fous prétexte de zele pour les droits du fifc ; il vouloit que fes propres efclaves fuffent jugés par les tribunaux ordinaires ; il faifoit de fages réglemens contre les abus.

Après un fecond voyage dans la Gaule, où il rebâtit l'ancienne ville de Génabum, qu'il appela de fon nom *Aurelianum* (Orléans), & où il fonda Dijon ; la prudence lui fit abandonner la Dace, conquête de Trajan, fituée au-delà du Danube. Il en tranfporta les habitans dans la Méfie, & le Danube devint la barriere de l'empire. Il fe difpofoit à vénger fur les Perfes les injures qu'on avoit reçues de Sapor. Déja il étoit arrivé en Thrace, prêt à paffer le Bofphore. Mnefthé, l'un de fes fecrétaires, lui étant devenu fufpect, & craignant d'être puni, forma une confpiration. L'empereur fut affaffiné. Sa mort excita la colere des foldats contre les meurtriers : on lui érigea un temple fur le lieu même.

Fin d'Aurélien.

XXIII.

TACITE — PROBUS, &c., jufqu'à DIOCLÉTIEN.

An de J. C. 275.

Soit que la fermeté & les victoires d'Aurélien euffent infpiré la terreur aux ambitieux, foit que l'armée eût appris fous fon regne à fe tenir dans les bornes du devoir, les foldats renvoyerent au fénat l'élection de l'empereur. Le fénat, par timidité fans doute, renvoya le choix à l'armée. Trois meffages pareils emporterent plus de fix mois, & perfonne n'ufurpa le pouvoir fuprême. Enfin le fénat élut TACITE, un de fes membres, vieillard plein de vertus, qui n'accepta que malgré lui une place fi dangereufe.

Tacite.

Le premier foin de ce prince fut de rétablir le fénat dans fon ancien luftre. Il lui laiffa le droit de recevoir les ambaffadeurs, de faire des loix, de nommer les proconfuls, de juger en dernier reſſort ; il le regardoit comme l'arbitre de la paix & de la guerre. Tacite, ayant demandé le conſulat pour ſon frere, eſſuya un refus des ſénateurs. Loin de s'en plaindre, il dit d'un air de ſatisfaction : *Ils connoiſſent le prince qu'ils ont choiſi.*

Il ordonna que toutes les bibliotheques fuſſent fournies des ouvrages du grand hiſtorien dont il portoit le nom, & dont il ſe glorifioit d'être parent. Ce n'étoit point vanité, mais zele de bon prince ; puiſque rien n'eſt plus propre que ces ouvrages à inſpirer l'horreur du vice & de la tyrannie. Il éleva un temple aux *empereurs diviniſés*, où devoit être honorée la mémoire des princes vraiment reſpectables.

Pendant l'interregne, les Goths avoient inondé l'Aſie. L'empereur alla en perſonne les attaquer, & les diſſipa. Malheureuſement il avoit mis en place un de ſes parens, qui ne le méritoit point, & qui fut aſſaſſiné pour ſes violences. Les aſſaſſins ne crurent pouvoir ſe dérober au ſupplice, qu'en commettant un crime plus noir. Ils tuerent Tacite lui-même, malgré ſes vertus.

On éprouva bientôt que la déférence des troupes envers le ſénat, après la mort d'Aurélien, étoit le fruit des circonſtances, & non d'une modération réelle. Deux armées firent deux empereurs ; Florien, frere du dernier, & Probus, homme d'un mérite rare, né en Pannonie dans l'obſcurité. *Penſez-y bien*, dit-il aux ſoldats ; *vous ſerez mécontens de votre choix ; je ne ſais pas vous flatter.* Les ſoldats n'eurent point d'égard à ſes remontrances. Peu de temps après, ceux de Florien ſe repentant de l'avoir préféré à ce grand homme, le tuerent & ſe ſoumirent avec ardeur. Alors Probus écrit en termes reſpectueux au ſénat : « C'eſt à vous de juger ſi je
» ſuis digne de l'empire ; je vous prie d'en ordonner tout
» ce que vous jugerez convenable ». Reconnu ſans peine par le ſénat, il le traite comme avoit fait l'empereur Tacite.

Depuis la mort d'Aurélien, un déluge de barbares, ſortis de la Germanie, Francs, Bourguignons, Vandales, rempliſſoit la Gaule de ſang & de ravages. L'empereur les en chaſſa.

An de J. C. 276.

Florien.
Probus.

Tantôt en Europe, tantôt en Afie, Probus travailla fans ceffe à réprimer les barbares, ou à étouffer des révoltes. Trois ou quatre ufurpateurs fuccomberent dans leurs entreprifes. Le calme fut rétabli par-tout. Les foldats furent employés en temps de paix à des ouvrages utiles ; mais leur efprit féditieux ne fut pas dompté. Le prince leur faifant creufer un canal, & deffécher des marais, près de Sirmium, fa patrie, ils le tuerent dans une fédition. C'eft à lui que la France, l'Efpagne & la Hongrie font redevables de leurs vignes. Domitien avoit défendu d'en planter : Probus le permit à ces trois peuples.

An de J. C.
282.
Carus.

L'armée donna l'empire à CARUS, né à Narbonne, préfet du prétoire. Il écrivit au fénat : « Vous devez vous réjouir » de ce qu'on a fait empereur un membre de votre ordre » & un citoyen de votre ville : nous tâcherons de paroître » plus dignes de votre eftime que des étrangers ». En effet, Claude, Aurélien & Probus, fortis de l'Illyrie, n'étoient pas regardés comme Romains. Leur mérite ne devoit en paroître que plus grand ; & c'eut été beaucoup pour Carus de l'égaler. Le temps lui manqua. Après avoir défait les Sarmates, & pouffé vivement les Perfes, il mourut dans fa tente, affaffiné par Aper, préfet des gardes, comme on le conjecture avec vraifemblance.

Carin & Numérien.

Ses deux fils, CARIN & NUMÉRIEN, qu'il avoit créés auguftes, lui fuccéderent fans élection. Le fecond périt d'abord, & Aper fut foupçonné d'un nouveau meurtre.

Dioclétien.

DIOCLÉTIEN, élu empereur, le tua de fa propre main en préfence de l'armée. Une druideffe avoit, dit-on, prophétifé que Dioclétien parviendroit à l'empire, quand il auroit tué un fanglier : il crut vérifier l'oracle, à caufe de la fignification du mot latin *aper*. Les vices énormes de Carin avoient certainement mieux fervi Dioclétien, que cette ridicule prophétie. Carin lui livra bataille dans la Méfie fupérieure, & auroit été pleinement victorieux, fi les officiers, dont il avoit déshonoré les femmes, n'avoient faifi l'occafion de fe venger. Ils l'affaffinerent.

XXIV.

DIOCLÉTIEN & MAXIMIEN. CONSTANCE-CHLORE & GALERIUS.

Dioclétien, Dalmate par sa naissance, avoit été, selon quelques historiens, esclave & affranchi d'un sénateur. Son mérite fit sa fortune. Aux talens militaires il joignoit le génie, la politique & des vertus. Dès le commencement de son regne, il donna la plus grande preuve de modération, puisqu'après une guerre civile, victorieux & tout-puissant, il n'ôta, ni la vie, ni les biens, ni les dignités à aucun partisan de son rival.

An de J. C. 284. Caractere de Dioclétien.

Comme l'empire étoit attaqué & pressé de toutes parts, en orient & en occident, Dioclétien crut avoir besoin d'un appui pour le défendre. Il s'associa Maximien, né de parens obscurs dans la Pannonie, mais grand capitaine, malgré son caractere féroce. Maximien chassa de la Gaule les Germains, dont les incursions se renouveloient sans cesse. Dioclétien n'eut pas moins de succès contre les Perses & les barbares. Cependant, les périls renaissant toujours après les victoires, il pensa que deux césars, qui commanderoient chacun une armée, avec le droit de succession à l'empire, serviroient à repousser les ennemis & à réprimer les séditieux. Constance-Chlore & Galérius furent décorés de ce titre; le premier eut pour département la Gaule, l'Espagne & la Grande-Bretagne; le second l'Illyrie, la Thrace, la Macédoine & la Grece. Les empereurs, sans partager l'empire, avoient partagé entr'eux l'inspection des provinces: Maximien gouvernoit l'occident, & Dioclétien l'orient.

Pourquoi deux empereurs & deux césars.

Constance-Chlore soumit la Grande-Bretagne, où deux rebelles avoient usurpé le titre d'auguste. Il reprit le pays des Bataves, dont les Francs s'étoient emparés. D'un autre côté, Narsès, roi des Perses, petit-fils de Sapor, fut entièrement défait par Galérien, après avoir remporté sur lui quelques victoires. Il demanda la paix en suppliant; il se soumit aux conditions qu'on lui imposa. La Mésopotamie resta aux Romains, & le Tigre leur servit de frontiere. Cette paix dura quarante ans.

Etat des chrétiens au commencement de son regne.

Dioclétien regnoit depuis dix-huit ans, toujours heureux dans ses entreprises, respecté de son collegue & des deux césars; obéi par-tout, & tempérant par la douceur la fermeté du gouvernement. Loin de persécuter les chrétiens, il les protégeoit. Une longue tranquillité avoit refroidi leur ancienne ferveur, à mesure que leur sainte religion trouvoit moins d'obstacles pour s'étendre. Ils bâtissoient de vastes églises; ils y adoroient publiquement le vrai Dieu. « Mais, dit Eusebe, » l'envie, l'ambition, l'hypocrisie se glisserent parmi nous; les » pasteurs eux-mêmes se livroient à des querelles, à des » haines les uns contre les autres, & se disputoient les pre- » mieres places de l'église, comme des principautés sécu- » lieres. »

An de J. C. 303. Leur persécution.

Galérius haïssoit tous les chrétiens, autant par superstition que par cruauté. Il les noircit aux yeux de l'empereur, sans obtenir d'abord ce qu'il souhaitoit. On assembla un grand conseil, où malgré l'unanimité des voix, Dioclétien ne voulut point rendre d'édit sanguinaire. Il ordonna cependant que les églises fussent démolies, les livres saints brûlés; tout chrétien privé de ses charges, s'il tenoit un rang dans le monde, ou de sa liberté, s'il étoit homme du peuple; enfin, qu'ils n'eussent action dans les tribunaux contre personne. Un chrétien déchira publiquement cet édit; on le punit de mort. Par un second édit, les magistrats eurent ordre de mettre en prison les évêques & les prêtres, à qui l'on reprochoit d'animer le zele de la multitude. Il paroît que la persécution de Dioclétien doit moins s'attribuer à ce prince qu'au cruel Galérius, & qu'au fanatisme des magistrats ou des peuples.

Dioclétien étant venu à Rome, où il n'avoit paru qu'une fois depuis le commencement de son regne, y triompha, avec

DIOCLÉTIEN & MAXIMIEN.

son collegue, de tous les peuples vaincus. Les Romains attendoient des jeux magnifiques & une profusion immense, auxquels ils n'étoient que trop accoutumés. Son économie les trompa. *Des jeux où assiste le censeur*, disoit-il, *doivent être modestes*. Le peuple, incapable de goûter cette modestie, en fit l'objet de ses murmures & de ses sarcasmes.

Ennuyé de la grandeur & des affaires, il se détermine, ainsi que Maximien, à une abdication. Les deux empereurs cedent le pouvoir suprême aux deux césars, devenus dès-lors augustes; & pour maintenir la même forme de gouvernement, ils nomment deux nouveaux césars, Maximin, neveu de Galérius, & Sévere; l'un & l'autre indignes de ce rang, soit par leur naissance, soit par leurs vices. Leur élévation fut l'ouvrage de Galérius.

Dioclétien quitte l'empire.

C'est un spectacle bien intéressant que de voir Dioclétien, après un regne glorieux de vingt ans, retiré à Salone, sa patrie, cultivant son jardin, & se félicitant de son bonheur. Ses amis l'exhorterent de loin à remonter sur le trône. *O si vous voyiez*, répondit-il, *ces légumes que je cultive de mes mains! vous ne me parleriez jamais de l'empire.*

An de J. C. 305.

Constance-Chlore étant aussi juste, aussi affable & bienfaisant, que Galérius étoit ambitieux & cruel, l'union entre les deux augustes devenoit par-là impossible. Ils partagerent le domaine de l'empire pour gouverner séparément leurs états. Il n'y eut aucune égalité dans le partage. Galérius, maître de l'Asie, de l'Illyrie & de la Thrace, le fut aussi de l'Italie & de l'Afrique, département de Sévere qui lui étoit entiérement dévoué.

Gouvernement de Constance-Chlore.

Tandis qu'il exerçoit sa tyrannie sur ces vastes régions, l'Espagne, les Gaules, la Grande-Bretagne, goûtoient les douceurs d'un gouvernement équitable. Constance n'y regnoit que pour faire des heureux. Loin de s'enrichir par des vexations, ou d'appauvrir ses sujets par son luxe, il empruntoit la vaisselle de ses amis, quand il donnoit de grands repas; il n'employoit l'argent qu'au bien public; il n'avoit de trésors que dans le cœur des citoyens. Aussi n'avoit-il besoin que d'un signe, pour qu'on s'empresfât de lui offrir tout ce que l'on pouvoit donner. Ce prince mourut à Yorck, au retour d'une expédition glorieufe contre les Piêtes. Son fils Conftantin s'étoit échappé de Nicomédie, où Dioclétien l'avoit tenu comme ôtage, & où Galérius avoit deffein de le garder comme captif. Le pere, en mourant, le déclara fon unique fucceffeur; l'armée le proclama fans délai. Nous allons le voir briller fur le trône.

CONSTANTIN.

An de J. C. 306. Commencement de fon regne.

CONSTANTIN, à la mort de fon pere, avoit environ trente-deux ans. Sa figure majeftueufe donnoit du relief aux qualités de fon ame & de fon génie. L'ambition excitoit en lui le courage; la prudence, jointe au courage, conduifoit les entreprifes de l'ambition. Il ne négligea rien pour affurer le fuccès de fes entreprifes contre Maxence.

Il mit les Gaules à couvert des invafions; il s'attacha les cœurs par de nouvelles marques de bonté; il propofa enfuite une entrevue à Maxence, qui, pour toute réponfe, fit traîner dans la boue les ftatues de Conftantin. C'étoit le fignal d'une guerre furieufe. La néceffité de laiffer beaucoup de troupes fur le Rhin, enlevoit à Conftantin la plus grande partie de fes forces. Son entreprife paroiffoit téméraire aux officiers; l'armée murmuroit; il avoit befoin de quelques reffources extraordinaires.

Alors, foit qu'une lumiere furnaturelle lui deffillât tout-à-coup les yeux, foit que les chrétiens lui paruffent des inftrumens propres à fes deffeins, il fe déclara en faveur du chriftianifme. Il n'eft pas étonnant que des idolâtres paffionnés aient noirci un prince qui vouloit détruire l'idolâtrie. Mais comment pourroit-on méconnoître le bien qu'annonçoit un tel changement, les erreurs dont il devoit purger la terre, les vertus qu'il devoit y répandre?

Bientôt

CONSTANTIN.

Bientôt Conſtantin paſſe les Alpes. Le lâche Maxence, qui s'étoit renfermé dans Rome, quoique beaucoup plus fort par le nombre, ſort enfin après avoir diſſipé ſes craintes à force de ſuperſtition ; il livre bataille ; il eſt vaincu & tué. Rome délivrée d'un tyran, reçoit avec joie ec libérateur ; le ſénat conſacre des temples ſous ſon nom. Conſtantin joignit la fermeté & la douceur pour affermir ſa puiſſance. Les délateurs, *peſte exécrable ;* comme il les appelle, furent condamnés à mort. Le ſénat fut rétabli dans ſes droits, le peuple ſoulagé par des bienfaits. Rome & pluſieurs villes réparées ou embellies. Les malheurs paſſés firent mieux ſentir le bonheur préſent.

Ses premiers édits en faveur du chriſtianiſme accorderent aux chrétiens l'exercice public de leur religion. La liberté de conſcience leur fut commune avec toutes les religions étrangeres. L'exemple ſeul du prince ne pouvoit manquer de faire d'illuſtres proſélytes. Les graces, les largeſſes, ſervirent d'ailleurs à ſon zele. Il honoroit les évêques, & les admettoit à ſa table. Il donna le palais de Latran, érigé en baſilique, à l'évêque de Rome & à ſes ſucceſſeurs. Il bâtit & dota pluſieurs égliſes.

D'excellentes loix civiles remédierent à pluſieurs déſordres. L'empereur déclara qu'il ne pouvoit y avoir de preſcription contre la liberté, & que ſoixante ans de ſervitude ne privoient pas un homme libre de ſes droits. Il établit en général, qu'*on doit avoir plus d'égard à l'équité naturelle, qu'au droit poſitif & rigoureux* ; ſe réſervant néanmoins la déciſion des cas où l'on ne pourroit les concilier. On verra ſouvent ce prince légiſlateur ternir ſa gloire par des cruautés fort contraires à ſes maximes. Après une expédition contre les Francs, le plus vaillant des peuples de Germanie, qu'il repouſſa & pourſuivit au-delà du Rhin, il donna un ſpectacle à Treves, où les priſonniers furent expoſés aux bêtes féroces. Là, il entendit un panégyrique rempli d'idées toutes payennes ; car l'ancienne religion étoit encore dominante, & il falloit, pour l'extirper, beaucoup de tems, de modération & de ſageſſe.

Maximin qui regnoit en Aſie, & qui avoit fait un partage

An de J. C. 312.
Sa conduite après avoir vaincu Maxence.

Fin de Maximin.

avec le césar Licinius, méditoit de dépouiller Licinius & Constantin. Il passa le Bosphore, & s'empara de Byzance. Licinius venoit d'épouser à Milan la sœur de Constantin, quand il apprit cette invasion. Il marche contre son rival avec une armée fort inférieure, lui livre bataille, remporte la victoire. Maximin poursuivi jusqu'à Tarse, désespérant d'échapper, prend du poison, & finit un regne qui avoit été une tyrannie perpétuelle, sur-tout pour les chrétiens.

L'union subsista peu entre les deux empereurs. Constantin gagna sur son collegue deux batailles, qui furent suivies d'un traité de partage. Le vainqueur se fit céder la Grece, la Macédoine, la Pannonie & d'autres provinces. Pour fixer le trône dans sa famille, Constantin nomma césars, quelque tems après, ses trois fils, Crispus, Constantin & Constantius, quoique les deux cadets fussent encore des enfans.

A la faveur de plusieurs années de paix, il publia encore des loix, & s'appliqua aux affaires du christianisme. Le supplice de la croix fut aboli ; le repos du dimanche ordonné, excepté pour ce qui regarde l'agriculture. La loi Papia-Poppéa contre les célibataires fut abrogée, en conservant néanmoins les anciens privileges à ceux qui avoient des enfans.

Brouilleries de Constantin & de Licinius.

An de J. C. 323.

D'un autre côté, Licinius persécutoit les chrétiens, qu'il soupçonnoit de désirer pour maître Constantin. Celui-ci ne souhaitoit pas moins de tout réunir sous son empire, & la jalousie de ces deux princes préparoit des scenes sanglantes. Constantin avoit deux cens galeres, plus de deux mille vaisseaux de charge, cent trente mille combattans. Avec des forces si redoutables, il court attaquer Licinius, dont les troupes asiatiques étoient peu capables de lui résister. L'ayant joint à Andrinople en Thrace, il donne pour mot à son armée, *Dieu sauveur* ; & précédé de l'étendard de la croix, il engage l'action, il remporte une grande victoire. Son fils Crispus, presque en même-tems, détruit à Gallipoli la flotte ennemie. Licinius s'étoit retiré à Chalcédoine. Constantin le poursuivit. On fit un traité de paix. Mais l'empereur d'orient rassemblant de nouvelles troupes, la guerre se ralluma bientôt. Licinius vaincu pour la feconde fois, réduit à dépofer la pourpre, fut envoyé à Theffalonique, avec affurance de la vie; il fut étranglé peu de tems après, peut-être pour quelque crime inconnu.

Maître de tout l'empire, Conftantin modéra moins fon zele pour le chriftianifme. Il défendit les facrifices aux idolâtres : il fit abattre ou fermer grand nombre de temples. Il ne laiffa pas de publier un édit en orient, par lequel il déclaroit ne vouloir troubler la paix de perfonne. L'Égypte conferva fes dieux & fon culte. Le paganifme, fous la protection du fénat, fe foutint à Rome & dans une grande partie de l'empire. C'étoit beaucoup que la croix fût honorée à la cour, & que les adorateurs du vrai Dieu euffent la faveur du prince.

Ce qu'il fit en faveur du chriftianifme.

Le bien eut été plus folide, fi la piété de l'empereur avoit eu plus de lumieres : il fe livroit aux confeils d'hommes avides & trompeurs qui abufoient de fa confiance pour arriver au but de leurs paffions. Malgré fon zele pour la religion chrétienne, les guerres théologiques s'allumerent par fon imprudence, & firent de funeftes ravages dans l'églife.

Conftantin ne fe fut pas plutôt déclaré le protecteur de la foi, que ces difputes éclaterent avec violence. Il importoit extrêmement d'en prévenir les effets, par une conduite ferme & modérée. Conftantin traita les querelles ecclésiaftiques en affaires d'état : loin de les calmer, il les rendit plus ardentes & plus opiniâtres.

L'héréfie d'Arius, prêtre d'Alexandrie, qui nioit la divinité de Jefus-Chrift, fut la principale fource des malheurs. Un évêque courtifan perfuada qu'il ne s'agiffoit que d'une difpute de mots. Conftantin écrivit en conféquence à l'évêque d'Alexandrie & à l'héréfiarque, pour les inviter à la paix & au filence. Sa lettre ne produifit rien. La querelle devenant plus vive, & Ofius, évêque de Cordoue, l'ayant porté à une conduite plus ferme, il publia lui-même une invective contre les ariens. Alors on ne garda plus de ménagement; les évêques & les peuples fe diviferent avec fcandale; les ftatues de l'em-

Difputes eccléfiaftiques.

pereur furent insultées par les sectaires. On l'exhortoit à la vengeance. *Moi*, dit-il en portant la main à son visage, *je ne me sens point blessé*. Cette modération est digne d'une grande ame.

<small>An de J. C. 325.</small>

Enfin il assemble le concile général de Nicée en Bithinie. Les évêques y sont appelés de toutes les parties de l'empire. On leur fournit tout pour le voyage. Au nombre de trois cens dix-huit, parmi lesquels on compte dix-sept ariens, ils décident en présence de l'empereur la *consubstantialité* du fils de Dieu avec son pere. Les écrits d'Arius furent condamnés. Constantin défendit d'en conserver des copies, sous peine de mort, & il exila seulement l'auteur. L'hérésie se roidit contre le jugement de l'église ; Constantin lui-même contribua, par de nouvelles fautes, aux progrès qui la rendirent si funeste.

<small>Cruautés de Constantin.</small>

Ce prince, après une longue absence, étant allé à Rome, y fit deux actes de barbarie dont la noirceur est ineffaçable. Crispus, son fils aîné, fut accusé par Fausta, seconde femme de Constantin, de lui avoir fait une déclaration d'amour. Sans examen, il ordonna la mort de son fils. L'indignation publique se manifesta. L'impératrice fut à son tour accusée d'un commerce infâme. Il la fit mourir de même sur la simple accusation. Plusieurs hommes distingués périrent sans raison connue. Le jeune Licinius, âgé de douze ans, se trouva du nombre des victimes. Tant de cruautés donnerent lieu à un placard, affiché aux portes du palais, où l'on désignoit le prince comme un émule de Néron. Rome retentissoit contre lui de malédictions & d'injures ; la populace osa l'insulter ; enfin, il s'éloigna pour jamais de cette ville, qui haïssoit également sa religion & sa personne.

<small>Fondation de Constantinople.</small>

Résolu de fonder une nouvelle capitale, il jetta d'abord les yeux sur l'ancienne Troye, dont le nom étoit si cher aux Romains ; mais il préféra Byzance, admirablement située sur le Bosphore de Thrace. Il en augmenta beaucoup l'enceinte, y éleva de superbes édifices, en fit une seconde Rome, lui donna le nom de Constantinople, & lui sacrifia

CONSTANTIN.

les intérêts de l'empire. Pour y attirer une foule d'habitans, il enleve à tous les propriétaires de fonds en Asie, le droit naturel d'en disposer, même par testament, à moins qu'ils n'aient une maison dans cette ville. Il prodigue toutes sortes de privileges à ceux qui s'y établissent. La flotte d'Alexandrie, qui nourrissoit Rome, dont les campagnes n'étoient plus que des jardins, est destinée à nourrir Constantinople. On distribua au peuple quatre-vingt mille mesures de bled par jour. Bientôt les flottes d'Asie, jointes à celles d'Egypte, ne purent y suffire.

Avec deux capitales, il devoit y avoir deux empires. Celui d'orient embrassa tous les pays depuis le Danube jusqu'aux extrémités de l'Egypte, & depuis le golfe Adriatique jusqu'aux frontieres de la Perse. L'empereur crut devoir, à l'exemple de Dioclétien, subdiviser ces deux vastes corps. Il créa quatre préfets du prétoire, qui eurent chacun leurs districts, encore divisés en provinces, qu'on appella *dioceses*. Chaque diocese eut son gouverneur particulier, dépendant du préfet. Des *ducs* & des *comtes* furent dispersés sur les frontieres pour les défendre. On leur donna, ainsi qu'à leurs troupes, les terres limitrophes des barbares, qu'ils pouvoient transmettre à leurs héritiers, pourvu que ceux-ci portassent les armes. Ces terres se nommoient des *bénéfices*. Quant aux préfets du prétoire, leur charge devint purement civile. Constantin mit à leur place deux maîtres de la milice : & pour affoiblir davantage une dignité, si redoutable autrefois, il établit des patrices, qui eurent un rang supérieur aux préfets, mais sans fonctions.

Nouveau gouvernement formé par Constantin.

Nous pouvons mettre parmi les abus ces titres de vanité qu'on multiplia à l'infini, *noble, nobilissime, illustre, clarissime, perfectissime*, & la *sublimité*, l'*excellence*, la *magnificence*, la *grandeur*, l'*éminence*, la *révérence*, &c. Toutes les idées se porterent à un frivole cérémonial : les mots prirent la place des choses; le mérite disparut, quand on fut ébloui des titres. Ce que les Scipion, les Jules-César, auroient trouvé ridicule, fixa les desirs & l'attention des principaux citoyens. Constantin donnoit l'exemple du faste ; il portoit toujours le diadême ; son habit étoit resplendissant de perles ; la pompe de sa cour & de ses fêtes respiroit les mœurs asiatiques.

Fin de son regne.
Tout le reste de son regne offre plus de sujet de blâme que de louanges. Il remporte une grande victoire sur les Goths ; mais il en éleve plusieurs aux dignités, & ouvre, en quelque sorte, l'empire à ces barbares. Il reçoit les ambassadeurs de Sapor II, roi de Perse, dont il n'ignoroit pas les préparatifs de guerre ; mais il se contente de lui écrire en faveur de la religion chrétienne que ce prince persécutoit, & lui envoie du fer pour forger des armes. Il demande des prieres aux évêques & au fameux saint Antoine ; mais il fait mourir le philosophe Sopater, dont le crime étoit d'avoir voulu réformer les mœurs de la cour. Les courtisans accuserent de magie ce philosophe pour se défaire de lui.

Enfin, après tant de coups d'autorité contre l'arianisme, il se livre à un prêtre arien, il rappelle de l'exil Arius & ses fauteurs, il admet leurs fausses professions de foi, il les protege ouvertement. Il veut obliger saint Athanase, évêque d'Alexandrie, de recevoir l'hérésiarque. Fatigué de ses refus, il prête l'oreille aux calomnies, & exile cet inflexible défenseur du concile de Nicée, que deux conciliabules avoient déclaré coupable.

Sapor se servoit déjà du fer qu'on lui avoit imprudemment fourni. Ayant redemandé, sans rien obtenir, cinq provinces cédées à Galérius, il ravageoit la Mésopotamie, il insultoit l'empire romain. L'empereur, âgé de soixante-trois ans, arrive en Asie & fait reculer l'ennemi. Il tombe dangereusement malade, il reçoit le baptême : il dépose son testament entre les mains de ce prêtre arien, qui avoit sa confiance ; & il meurt à Nicomédie, après un regne de trente années. On l'a honoré comme saint dans plusieurs églises. Les Grecs & les Moscovites célebrent encore sa fête le 21 mai.

Quelqu'éloge que mérite Constantin par l'établissement du christianisme, on ne peut effacer les taches dont sa gloire

est obscurcie. Les payens l'ont encore plus noirci par la satyre, que d'autres ne l'ont exalté par leurs flatteries. Eusebe lui-même, historien ecclésiastique, avoue « que sa trop grande
» facilité donna cours à deux grands vices, à la violence de
» ceux qui opprimoient les foibles, pour contenter leur
» avidité insatiable ; & à l'hypocrisie de faux chrétiens, qui
» entroient dans l'église pour gagner ses bonnes graces ».
(*Fleury*).

F I N.

TABLE.

Observations préliminaires, page 1
Fondation de Rome, ibid.
Planche I. Fondation de Rome, 2
Première époque. 753 ans avant J. C, 3
Les Rois (espace de 244 ans), ibid.
I. Romulus.
Ses commencemens, ibid.
Pl. II. L'enlevement des Sabines pendant les jeux publics, ibid.
Politique de Romulus, ibid.
Ses établissemens, 4
Pouvoir du peuple & du sénat, ibid.
— du roi, ibid.
Origine des chevaliers, ibid.
Patrons & cliens, ibid.
Loix contre les femmes, ibid.
Loix en faveur des peres, ibid.
Etat de l'Italie, 5
Premiere guerre des Romains, ibid.
Pl. III. Combat des Romains & des Sabins, terminé par les Sabines, ibid.
Mort de Romulus, ibid.
Pl. IV. Apothéose de Romulus, ibid.
II. Numa.
Comment il succéda à Romulus, 6
Pl. V. Couronne & sceptre offerts à Numa, ibid.
Son caractere, ibid.
Ses établissemens de Religion, ibid.
Vestales, 7
Féciaux, ibid.
Progrès de l'agriculture, ibid.
Changement fait au calendrier, ibid.
III. Tullus-Hostilius, ibid.
Commencement de son regne, ibid.
Guerre d'Albe, 8
Pl. VI. Combat des Horaces & des Curiaces, ibid.
Pl. VII. Expiation du jeune Horace après avoir tué sa sœur, ibid.

Pl. VIII. Destruction d'Albe sous les ordres d'Horace, 8
Fin de Tullus, ibid.
IV. Ancus-Martius, ibid.
Commencement de son regne, ibid.
Pl. IX. Il envoie des Féciales déclarer la guerre aux Latins, 9
Ouvrages faits sous son regne, ibid.
V. Tarquin l'Ancien, ibid.
Comment il devint roi, ibid.
Ses établissemens, 10
Ses guerres, ibid.
Pl. X. Sa victoire sur les Sabins & les Etrusques par l'incendie du pont de bateaux qui les joignoient, ibid.
Ses ouvrages, 11
Changemens dans la religion, ibid.
Accius-Névius, augure, ibid.
Pl. XI. Il assure à Tarquin que sa pensée lui est connue, ibid.
Fin de Tarquin, 12
VI. Servius-Tullius, ibid.
Comment il s'affermit sur le trône, ibid.
Ses guerres, ibid.
Sa politique, ibid.
Division du peuple en tribus, 13
— en classes & en centuries, ibid.
Effet de cette division, ibid.
Cens, ibid.
Lustre, ibid.
Ce qu'il fit pour les esclaves, 14
Il concilie avec Rome les peuples vaincus, ibid.
Sa fin, ibid.
Pl. XII. Tullie veut forcer le conducteur de son char à passer sur le cadavre de son pere, ibid.
VII. Tarquin le Superbe, 15
Son regne, ibid.
Subjugue les Gabiens, ibid.
Livres Sibyllins, 16
Capitole,

TABLE.

Capitole, 16
Tarquin chassé de Rome, ibid.
Pl. XIII. Mort de Lucrece, 17
Exagérations des historiens sur l'histoire des sept rois, ibid.
Doute sur cette histoire, ibid.

SECONDE EPOQUE.
LA RÉPUBLIQUE, *depuis l'an de Rome 244, jusqu'à la bataille d'Actium en 725,* 18

I. *Les Rois chassés, le consulat établi,* ibid.
Election des consuls, ibid.
Conspiration en faveur de Tarquin, ibid.
Pl. XIV. Le Consul Junius-Brutus, juge en présence du peuple ses deux fils, & les fait mettre à mort, 19
Collatin, ibid.
Publicola, ibid.
Porsenna, ibid.
Pl. XV. Défense du pont de Rome, par Horatius-Coclès & deux autres guerriers intrépides, 20
Pl. XVI. Attentat de Mucius Scévola, sur la vie de Porsenna, ibid.
Pl. XVII. Présens de Porsenna à Clélie, 21
Pl. XVIII. Monumens érigés par les Romains à Horatius Coclès, Scévola & Clélie, ibid.
Principes des divisions, ibid.
Avis d'Appius Claudius sur les dettes, ibid.
Etablissement de la dictature, 22
Elle ne fut pas briguée & on n'en abusa point, ibid.
Effet de la création du dictateur, ibid.
Bataille de Régille, 23
Les troubles recommencent, ibid.
Servilius adoucit le peuple, ibid.

Pl. XIX. Retraite du peuple sur le mont Sacré, 24
Suites de cette sédition, ibid.
Parti que prend le sénat, ibid.

II. *Le peuple acquiert de l'autorité,* 25
Députés du sénat, ibid.
Etablissement des tribuns du peuple, ibid.
Leur pouvoir, 26
Prise de Corioles, ibid.
Pauvreté de Ménénius Agrippa, ibid.
Effets de la disette, 27
Accroissement du pouvoir des tribuns, ibid.
Coriolan, 28
Il est condamné, ibid.
Ce qui arriva après sa condamnation, 29
Pl. XX. Coriolan se retire chez les Volsques, ibid.
Pl. XXI. Coriolan fléchi par sa mere, ibid.
Mort de la vestale Urbinia, ibid.
Pl. XXII. Supplications pour une maladie contagieuse, dont on attribua la fin au supplice de la vestale Urbinia, 30
Loi agraire, ibid.
Mort d'Appius, 31
Loix, ibid.
Loi Térentia, ibid.
Cincinnatus, ibid.
Pl. XXIII. Imprudence du consul Minucius, réparée par Cincinnatus, 32
Loi Térentia reçue, ibid.

III. *Les décemvirs,* 33
Loix des XII tables, ibid.
Abus du gouvernement des décemvirs, ibid.
Attentat d'Appius, ibid.
Pl. XXIV. Virginie tuée par son pere, pour la préserver d'Appius, 34
Le décemvirat est aboli, ibid.

A a

Dispute sur les mariages, 35
Création des tribuns militaires, ibid.
Rétablissement du consulat, ibid.
Etablissement des censeurs, ibid.
Etablissement de la paie des soldats, 36
Conspiration de Mélius, ibid.
Pl. XXV. Mort de Mélius, 37
Etablissement du Lectisterne, ou fête générale en l'honneur des grands Dieux que l'on adoroit chez les Romains, ibid.
Pl. XXVI. Célébration du Lectisterne, ibid.
Siege de Véies, 38
Pl. XXVII. Camille se rend maître de Véies que les Romains assiégeoient depuis dix ans, ibid.
Siege de Faléries, ibid.
Pl. XXVIII. Trahison d'un maître d'école pendant ce siege & sa punition, ibid.
Camille accusé, ibid.
IV. Les Gaulois en Italie, 39
Ce qui attira les Gaulois en Italie, ibid.
Ils attaquent les Romains, ibid.
Journée d'Allia, 40
Pl. XXIX. Prise de Rome par les Gaulois, ibid.
Rome sauvée, ibid.
Manlius au Capitole, ibid.
Traité des Romains conclu avec les Gaulois, 41
Pl. XXX. Rompu par Camille qui chassa les Gaulois, ibid.
Ambition de Manlius & sa fin, ibid.
V. Consul plébéien. Révolte des Samnites & des Latins, 42
Le peuple admis au consulat, ibid.
Etablissement de la préture, ibid.
Magistrats curules, ibid.
Peste, 43
Manlius-Torquatus, ibid.
Valérius-Corvus, ibid.

Pl. XXXI. Dévouement volontaire de Curtius, 43
Les Campaniens se donnent aux Romains, 44
Effet des délices de Capoue, ibid.
Latins vaincus, ibid.
Pl. XXXII. Manlius-Torquatus fait ôter la vie à son fils, qui avoit combattu malgré sa défense, ibid.
Droit de cité donné aux Latins, 45
Beau trait d'un Privernate, ibid.
VI. Guerre des Samnites, ibid.
Trait de Papirius & de Fabius, ibid.
Défaite des Romains aux fourches Caudines, 46
Pl. XXXIII. Ils passent sous le joug des Samnites, ibid.
Suites de cette affaire, ibid.
Pontius à Rome, ibid.
Curius-Dentatus, 47
Esculape sous la figure d'un serpent, quitte son temple d'Epidaure, ibid.
Pl. XXXIV. Esculape amené à Rome sur une galere, 48
VII. Guerre de Pyrrhus, 49
Guerre de Tarente, ibid.
Caractere de Pyrrhus, ibid.
Sa conduite envers les Tarentins, ibid.
Bataille d'Héraclée, 50
Fabricius, ibid.
Cynéas à Rome, ibid.
Etat de l'Italie méridionale après la retraite de Pyrrhus, 51
VIII. de Carthage & de la Sicile, avant le commencement des guerres Puniques, 52
Gouvernement de Carthage, ibid.
Ses mœurs, ibid.
Sa puissance, ibid.
Ses traités avec les Romains, 53
La Sicile sous Denys le tyran, ibid.
La Sicile sous Denys le jeune, & après son expulsion, 54

TABLE.

IX. *Premiere guerre punique*, 55
Commencement de cette guerre, *ibid.*
Les Romains créent une marine, *ibid.*
Pl. XXXV. Bataille d'Ecnome gagnée sur mer par les Romains, 56
Régulus, *ibid.*
Siege de Lilybée, *ibid.*
Pl. XXXVI. Régulus condamné aux plus affreux supplices, 57
Issue de la premiere guerre punique, 58
Causes des victoires des Romains sur les Carthaginois, *ibid.*
X. *Seconde Guerre punique*, *ibid.*
Annibal rallume cette guerre, *ibid.*
Prise de Sagonte, *ibid.*
Conduite des Romains après la prise de cette ville, 59
Marche d'Annibal jusqu'en Italie, *ibid.*
Succès d'Annibal en Italie, 60
Fabius dictateur, 61
XI. *Bataille de Cannes*, 62
Pl. XXXVII. Victoire d'Annibal à cette journée, *ibid.*
Conduite des Romains après la bataille de Cannes, *ibid.*
Avis d'Hannon à Carthage, 63
Annibal à Capoue, *ibid.*
Prise de Syracuse, 64
— de Capoue & de Tarente, *ibid.*
XII. *Fin de la seconde guerre punique*, 65
Publius Scipion en Espagne, *ibid.*
Pl. XXXVIII. Bel exemple de sa vertu, *ibid.*
Scipion porte la guerre en Afrique, 66
Attaque Carthage, *ibid.*
Annibal demande la paix, 67
Bataille de Zama, *ibid.*
Conditions de la paix, *ibid.*
XIII. *Guerre contre Philippe, roi de Macédoine, & contre Antiochus, roi de Syrie*, 68

Suite de l'abaissement de Carthage, 68
Guerre contre Philippe, 69
Occasion de la guerre contre Antiochus, *ibid.*
Evénement de cette guerre, 70
Conditions de la paix, *ibid.*
XIV. *Caton le censeur. Guerre de Persée*, *ibid.*
Les Romains corrompus en Asie, *ibid.*
Scipion l'Africain accusé par Caton, *ibid.*
Sort de Scipion l'Asiatique, 71
Cause de la seconde guerre de Macédoine, *ibid.*
Evénement de cette guerre, *ibid.*
Paul-Emile, 72
Hauteur des Romains envers les rois, *ibid.*
XV. *Troisieme guerre punique. Carthage, Corinthe, Numance détruites*, 73
Occasion de la troisieme guerre Punique, *ibid.*
Conduite odieuse des Romains envers les Carthaginois, *ibid.*
Les Carthaginois raniment leur courage, 74
Scipion Emilien, *ibid.*
Prise de Carthage, *ibid.*
Rome asservit la Grece, 75
Destruction de Corinthe, *ibid.*
Ce que devinrent ses richesses, *ibid.*
Conduite des Romains à l'égard de Viriathe, 76
Et de Numance, *ibid.*
XVI. *Observations générales*, 77
Milice, *ibid.*
Récompenses & punitions militaires, *ibid.*
Population & mœurs, 78
Finances, *ibid.*
Arts, 79
Lettres, *ibid.*
XVII. *Les Gracques*, 80

Leurs entreprises,	80	Victoires de Sylla,	93
Désordres dans la république,	ibid.	Proscrit à Rome,	ibid.
Moyens qu'emploie Tiberius pour y remédier,	81	Troupes de Sylla en Asie,	94
		XXII. *Retour de Sylla. Ses proscriptions, sa dictature, sa mort,*	ibid.
Pousse à bout le sénat,	ibid.		
Sa fin tragique,	ibid.	Retour de Sylla à Rome,	ibid.
Entreprise de Caïus-Gracchus,	82	Ses cruautés,	95
Sa mort,	ibid.	Détail sur ses proscriptions,	ibid.
Ce qu'on doit penser des Gracques,	83	Sylla dictateur perpétuel,	ibid.
Cornelie,	ibid.	Ses loix,	96
XVIII. *Guerre de Jugurtha. Marius,*	ibid.	Sa fin,	ibid.
		XXIII. *Sertorius, Spartacus, Pompée,*	97
Crimes de Jugurtha,	84		
Conduite des Romains à son égard,	ibid.	Sertorius,	ibid.
		Sa fin,	ibid.
Métellus,	ibid.	Mort de Perpenna,	ibid.
Supplanté par Marius,	85	Conduite de Pompée en Espagne,	98
Métellus se justifie,	ibid.	Guerre de Spartacus,	ibid.
Fin de la guerre de Jugurtha,	ibid.	Spartacus vaincu,	ibid.
XIX. *Invasion des Cimbres & des Teutons. Guerre sociale,*	86	Accroissement du pouvoir de Pompée,	99
		XXIV. *Fin de la guerre de Mithridate,*	ibid.
Invasion des Cimbres & des Teutons,	ibid.		
Défaite des Teutons,	ibid.	Conduite de Mithridate après le départ de Sylla,	ibid.
— des Cimbres,	ibid.		
Attentats de Saturninus,	87	Lucullus en Asie,	ibid.
Conduite de Marius,	ibid.	Pompée envoyé à la place de Lucullus,	100
Drusus tribun,	ibid.		
Mort de Drusus,	88	De quelle maniere Pompée parut recevoir cette nouvelle,	ibid.
Guerre sociale,	ibid.		
XX. *Guerres civiles. Marius & Sylla,*	89	Sa conduite à l'égard de Lucullus,	101
		Maniere dont vécut Lucullus après son rappel,	ibid.
Sylla,	ibid.		
Brouilleries de Sylla & de Marius,	ibid.	Fin de Mithridate,	ibid.
		XXV. *Conjuration de Catilina. Triumvirat de Pompée, Crassus & César,*	102
Vengeance de Sylla,	90		
Révolution favorable à Marius,	ibid.		
Proscriptions,	91	Conjuration de Catilina,	ibid.
Mort de Marius,	ibid.	Elle est dissipée,	ibid.
XXI. *Sylla dans la Grèce & en Asie. Mithridate,*	92	Caractere de César,	ibid.
		Son ambition,	103
Mithridate,	ibid.	*Pl. XXXIX.* Triomphe de Pompée dans Rome, à l'imitation de celui de Paul-Emile,	ibid.
Ce qu'il avoit fait contre les Romains,	ibid.		
Sylla à Athenes,	ibid.	Rivalité entre Pompée & Crassus,	104

Politique de César,	104	Bataille de Philippes,	114
Exil de Cicéron,	ibid.	XXIX. *Fautes d'Antoine. Bataille d'Actium*,	115
Augmentation du pouvoir des Triumvirs,	105	Les triumvirs après la victoire,	ibid.
Fin de Crassus,	ibid.	Fautes d'Antoine,	ibid.
XXVI. *Conquête des Gaules. Pompée se brouille avec César. Guerre civile*,	106	Politique d'Octave,	116
		Bataille d'Actium & ses suites,	ibid.
		Edilité d'Agrippa,	117
Succès de César dans les Gaules,	ibid.	Pl. XLI. Cirque,	ibid.
Cause de la guerre civile,	ibid.	Description du Cirque tant en dehors qu'en dedans,	ibid.
César au bord du Rubicon,	107		
Ses succès,	ibid.	Description du Stade,	ibid.
Sort de Pompée après la bataille de Pharsale,	ibid.	TROISIEME EPOQUE. LES EMPEREURS.	
Autres exploits de César,	108	I. AUGUSTE,	119
Mort de Caton d'Utique,	ibid.	Conduite d'Auguste après la bataille d'Actium,	ibid.
Sa vertu outrée,	ibid.		
XXVII. *César maître de la République. Sa mort*,	109	Son art pour affermir son pouvoir,	ibid.
		Conduite privée d'Auguste,	120
Honneurs accordés à César,	ibid.	Auguste prend Agrippa pour gendre,	121
Son gouvernement,	ibid.		
Il réforme le calendrier,	ibid.	Son voyage en Asie,	ibid.
Sa conduite en Espagne & à son retour,	110	Ses loix,	ibid.
		Il rend au sénat son lustre,	ibid.
Cause de la conspiration contre César,	ibid.	Crainte d'Auguste pour sa vie,	122
		Tibere épouse Julie,	ibid.
Chefs de cette conspiration,	ibid.	Guerre avec les Germains,	ibid.
Mort de César,	111	Pl. XLII. Auguste s'occupe des embellissemens de Rome,	ibid.
Soulevement du peuple contre les meurtriers de César,	ibid.		
		Politique intéressée d'Auguste,	123
Pl. XL. Pompe funebre & apothéose de César,	ibid.	Ses chagrins domestiques,	ibid.
		Conjuration de Cinna,	ibid.
XXVIII. *Octavius. Triumvirat. Bataille de Philippes*,	112	Commencement de l'ére chrétienne,	124
		Révolte en Germanie,	ibid.
Octave,	ibid.	Défaite de Varus,	ibid.
Conduite d'Antoine & d'Octave,	ibid.	Vieillesse d'Auguste,	ibid.
		Mort d'Auguste,	125
Caractere de Ciceron,	ibid.	Pl. XLIII. Rome recevant l'hommage des nations étrangeres,	ibid.
Premiers événemens de la guerre civile,	113		
Second Triumvirat,	ibid.	Eloges qu'Auguste a mérités,	ibid.
Conventions des triumvirs,	ibid.	Pourquoi a-t-il été tant loué par les gens de lettres,	ibid.
Proscription des triumvirs,	114		
Leur conduite après ces massacres,	ibid.		

TABLE.

II. TIBERE, 126
  Caractere de Tibere, *ibid.*
  Sa conduite au commencement, *ibid.*
  Conduite de Germanicus en Germanie, 127
  Ce que fit Tibere pour le perdre, *ibid.*
  Pl. XLIV. Mort de Germanicus, *ibid.*
  Mort de Pison, 128
  Abus des délations, *ibid.*
  Retraite de Tibere à Caprée, 129
  Caractere de Séjan, *ibid.*
  Ses projets & ses attentats, *ibid.*
  Mort de Séjan, 130
  Nouvelles cruautés de Tibere, *ibid.*
  Fin de Tibere, 131
III. CALIGULA, *ibid.*
  Regne de Caligula, *ibid.*
  Pl. XLV. Caligula fait précipiter dans la mer à Pouzoles, le peuple que le spectacle de son triomphe y avoit attiré, 132
  Sa mort, *ibid.*
IV. CLAUDE, 133
  Elévation de Claude à l'empire, *ibid.*
  Son caractere, *ibid.*
  Messaline, *ibid.*
  Arria & Pétus, 134
  Guerres de Claude, *ibid.*
  Ses loix, *ibid.*
  Fin de Messaline, 135
  Agrippine quatrieme femme de Claude, *ibid.*
  Procure l'empire à son fils, *ibid.*
V. NÉRON, 136
  Commencement du regne de Néron, *ibid.*
  Premiers crimes de Néron, 137
  Préparé au parricide, *ibid.*
  Ce que fit Néron après avoir tué sa mere, 138
  Sort de Burrhus, *ibid.*
  — de Séneque, *ibid.*
  Sort d'Octavie, 138
  Incendie de Rome, 139
  Pl. XLVI. Palais doré de Néron, *ibid.*
  Description de ce palais, *ibid.*
  Persécution contre les chrétiens, *ibid.*
  Conspiration contre Néron, 140
  Mort de Séneque, *ibid.*
  — de Lucain, *ibid.*
  — de Thraséa, *ibid.*
  Objet du voyage de Néron en Grece, 141
  Fin de Néron, *ibid.*
VI. GALBA. — OTHON. — VITELLIUS, 142
  Faute de Galba en montant sur le trône, *ibid.*
  Ce que fit Galba pour se soutenir, 143
  Mort d'Othon, *ibid.*
  Regne de Vitellius, *ibid.*
  Vespasien, 144
  Pl. XLVII. Vitellius couvert d'opprobre est conduit au supplice, 145
VII. VESPASIEN, 146
  Son regne, *ibid.*
  Guerre des Juifs, *ibid.*
  Prise de Jérusalem, 147
  Fin de Vespasien, *ibid.*
VIII. TITUS, 148
  Son regne, *ibid.*
  Eruption du Vésuve, *ibid.*
IX. DOMITIEN, 149
  Son caractere, *ibid.*
  Agricola, 150
  Apollonius de Thyanes, *ibid.*
X. NERVA, 151
  Son caractere, *ibid.*
XI. TRAJAN, *ibid.*
  Son regne, *ibid.*
  Humanité de Trajan dans la guerre des Daces, 152

TABLE.

Pl. XLVIII. Il déchire ses vête-
mens pour servir à bander les
plaies des blessés, 152
Ecrivains qui florissoient alors, *ibid.*
XII. ADRIEN, 153
 Son regne, *ibid.*
 Ses loix, *ibid.*
 Les Juifs punis, *ibid.*
 Sa fin, 154
XIII. ANTONIN, *ibid.*
 Ses vertus, *ibid.*
 Sa mort, 155
XIV. MARC-AURELE, *ibid.*
 Ses vertus, *ibid.*
 Ses guerres, 156
 Ses défauts, *ibid.*
 Sa mort, 157
 Sa philosophie, *ibid.*
XV. COMMODE, *ibid.*
 Son regne, *ibid.*
XVI. PERTINAX-JULIUS-
DIDIANUS, 158
 Regne de Pertinax, *ibid.*
 Révolution que produisit la
licence des troupes, 159
 Regne de Didius, *ibid.*
XVII. SEPTIME-SÉVERE, 160
 Son regne, *ibid.*
 Caractere de Plautien, *ibid.*
 Mort de Sévere, 161
XVIII. CARACALLA &
GETA. — MACRIN, *ibid.*
 Crimes de Caracalla, 162
 Ses expéditions ridicules, 163
 Sa fin, *ibid.*
 Fin de Macrin, *ibid.*
XIX. HÉLIOGABALE, 164
 Ses cruautés, *ibid.*
 Sa mort, *ibid.*
XX. ALEXANDRE SÉVERE, 165
 Ses vertus, *ibid.*
 Son expédition contre les Perses, *ibid.*

 Maximin, 166
 Fin d'Alexandre, *ibid.*
XXI. *Successeurs d'Alexandre Sé-
vere, jusqu'à Aurélien,* 167
 Successeurs d'Alexandre Sévere, *ibid.*
 Maximin, *ibid.*
 Gordien, *ibid.*
 Maxime & Balbin, *ibid.*
 Gordien III, *ibid.*
XXII. AURÉLIEN, 168
 Sa conduite à l'égard de Zé-
nobie, *ibid.*
 Mort de Longin, 169
 Gouvernement d'Aurélien, *ibid.*
 Sa fin, 170
XXIII. TACITE. — PROBUS, &c.
jusqu'à DIOCLÉTIEN, *ibid.*
 Tacite, *ibid.*
 Florien, 171
 Probus, *ibid.*
 Carus, 172
 Carin & Numérien, *ibid.*
 Dioclétien, *ibid.*
XXIV. DIOCLÉTIEN & MAXIMIEN.
CONSTANCE-CHLORE &
GALÉRIUS, 173
 Caractere de Dioclétien, *ibid.*
 Pourquoi deux empereurs &
deux césars, *ibid.*
 Etat des Chrétiens au commen-
cement de son regne, 174
 Leur persécution, *ibid.*
 Dioclétien quitte l'empire, 175
 Gouvernement de Constance-
Chlore, *ibid.*
CONSTANTIN, 176
 Commencement de son regne, *ibid.*
 Sa conduite après avoir vaincu
Maxence, 177
 Fin de Maximin, *ibid.*
 Brouilleries de Constantin & de
Licinius, 178
 Ce qu'il fit en faveur du chris-
tianisme, 179
 Disputes ecclésiastiques, *ibid.*

192   TABLE.

Cruautés de Constantin,	180	Nouveau gouvernement formé par Constantin,	181
Fondation de Constantinople,	ibid.	Fin de son regne,	182

FIN.

www.ingramcontent.com/pod-product-compliance
Lightning Source LLC
Chambersburg PA
CBHW071339150426
43191CB00007B/787